JN077058

ゼロからわかる はじめての せどり 新規事業の強化書

パートさん1人から立ち上げられる

宮本達裕
Tatsuhiro Miyamoto

Clover クローバー出版

はじめに　～パートさんでも、あっさり５００万円を売り上げられる！～

「宮本さん！　先日仕入れた○○が15万円で売れました！　今月も順調に売上が伸びて、トータルの売上も５００万円を超えました！　引き続き、この調子でがんばります！」

このような報告が、日々わたしの元に舞い込んできます。

ご挨拶が遅れました。
わたしは、オンライン事業構築アドバイザー（企業のＥＣ事業構築アドバイザー）の宮本達裕と申します。

大手サイトでのＥＣ販売、ＹｏｕＴｕｂｅチャンネル「みやたつのスマホＴＶ」を使った情報発信の傍ら、中小企業に特化して「企業のＥＣ事業」の構築アドバイザーとして活動しています。

先ほどの報告は、大阪に本社を置く塗装会社の、ＥＣ事業部のパートさんからのメールです。

しかも、会社のＥＣ事業部は、このパートさんひとりだけ。

「えっ⁉　パートさんひとりで、５００万円の売上⁉　どうやったの？」

と思うかもしれませんね。

さらに、これはわたしがアドバイザーとして指導を始めてから、わずか４ヵ月での出来事。

もちろん、**本業の塗装業とはまったく別の事業部を、ゼロからつくって売上を立てました**。

そんなことが可能なのかと疑問がわく人もいるでしょう。

でも、さまざまな事業の形がある現代では、事業開始数ヵ月で、パートさんひとりで５００万円売ることも難しくはないのです。

【パートさんはいったい何をしたの？】

パートさんひとりで、５００万円を売り上げた方法とは、何だと思いますか？

結論から言うと、大手通販サイトＡｍａｚｏｎを使ったＥＣ販売です。

いまの時代、誰でも、Ａｍａｚｏｎを使ってオンラインで有形商材を販売し、５００万円の売上を立てることができます。

いまＡｍａｚｏｎは、「日本アマゾンAmazon.co.jp」だけを見ても、月間訪問者数が、デスクトップは１３２６万人、モバイルは４３０６万人。つまり、合計５６３２万人が訪れている、ビッグＷｅｂサイトになりました（２０１９年、コロナ前時点）。

月に５６３２万人、年間にすれば6億人以上が訪れるサイトには、さまざまな需要がありますし、高単価な商品を欲している人もいるでしょう。

先ほどのパートさんは、ただＡｍａｚｏｎというビックＷｅｂサイトで高単価の商品を並べただけ。あとは、Ａｍａｚｏｎが売ってくれる。

文字にすると、本当にこれだけの、簡単なことなのです。

【個人副業の代名詞「せどり」】

「せどり」という言葉を、聞いたことはあるでしょうか？

元々は「希少な本や価値ある初版本を仕入れて、販売する手法の総称」だったそうです。

最近では個人副業の代名詞として、雑誌やメディアで取り上げられることも増えてきましたよね（「中田敦彦のＹｏｕＴｕｂｅ大学」でも「せどり」のことが特集されていました）。

古書店などを巡って、自分の目利きをもとに希少な本を仕入れ、それをまた別の古書店に持ち込み、買い取ってもらい、利ざやを抜くことでお金を産んでいきます。

最近では、ＢＯＯＫ・ＯＦＦで仕入れた本をメルカリで販売してお金を得たり、本

だけでなくゲームやフィギュアを仕入れて、ネットで売って、お金を得る人も増えているようですね。

【パートさんひとりで、あっさり500万円売り上げる】

わたしたちが行っているのは、言うなれば「**企業バージョンのせどり**」です。

もちろん、本のような単価の低いものは扱いませんし、個人副業のせどりのようにお店に行くこともありません。

メーカーや卸業者と提携し、そこから数百

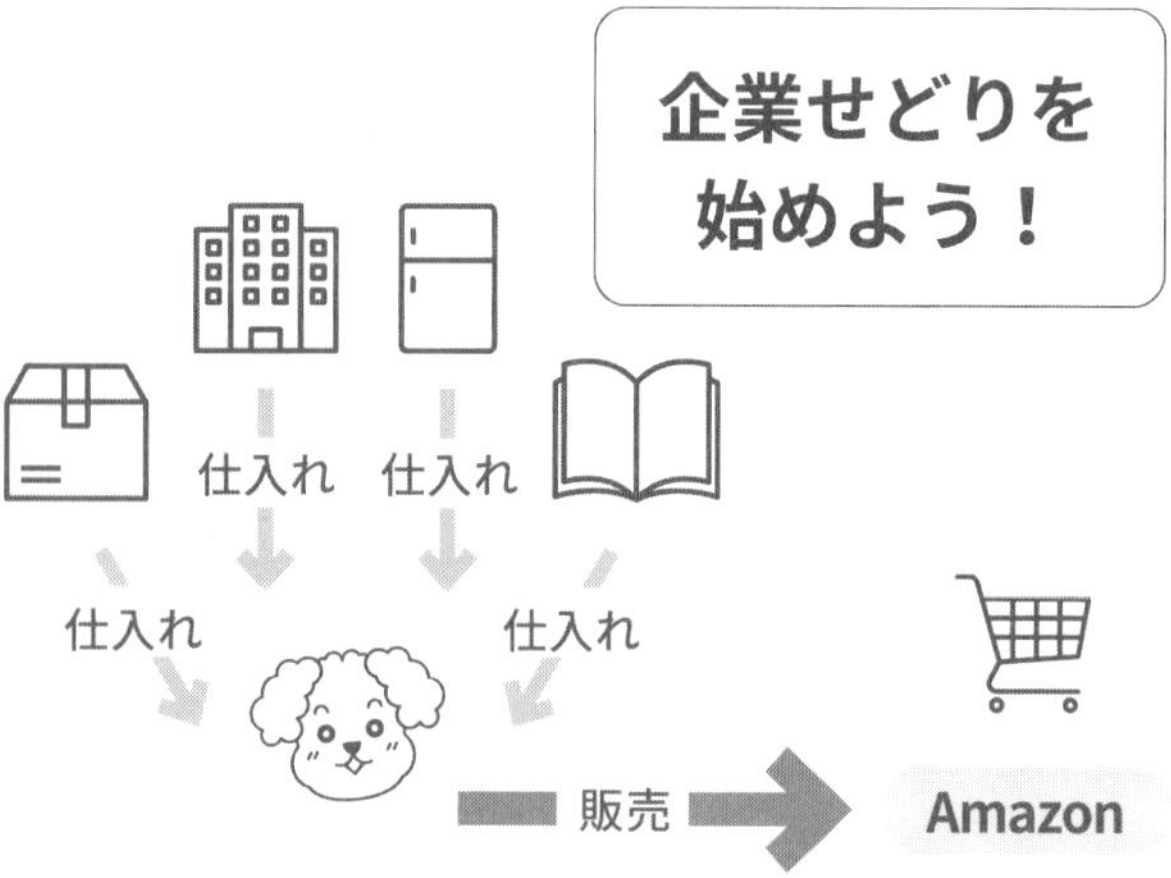

企業せどりを始めよう！

仕入れ
仕入れ
仕入れ
仕入れ
販売
Amazon

個単位で商材を仕入れて、Ａｍａｚｏｎで販売し、売上を上げます。企業が持つ豊富な資金力を使えば、個人のせどりとは比べ物にならないほど早く、大きく稼ぐことができるのです。

また、いまのご時世、余剰人員を抱えている企業も少なくありません。雇用を守る、あるいはスタッフに新しいステージを用意するという意味でも、このＡｍａｚｏｎ ＥＣを企業に導入するメリットは大きいでしょう。

【毎月3000社が倒産するこの時代に、企業はどう立ち向かっていくのか】

いまの日本は、給与は一向に上がらず、物価は上がり続けて生活は苦しくなる一方です。

国力は落ちて円安が加速し、外資系企業が老舗日本企業を次々と買収していく……。

そんななか日本の経済を支えてきた中小企業は、３５７万８１７６社。

それもコロナウイルスの影響で次々と破産に追い込まれ、２０２２年に入ってからは、毎月3000社の企業が倒産している状況です。

いまや日本は世界のなか、いや、アジアのなかでも貧困国になりつつありますし、あなたの会社もコロナの影響によって、売上減を余儀なくされているかもしれませんね……。

あなたの会社がまわりと同じように、売上の減少に悩み、苦しみ、憤っているなら、その解決策はたったひとつです。

それは、**新たなビジネスをすること**。

これこそが、あなたを悩みから解放させる最善であり、最短の方法なのです。

現在のままの仕事、現在のままの働き方を続けて、会社の未来は劇的に変わるでしょうか？

もしくは、日本経済がバブル期のように活況を取り戻すのは、いったい何年後でしょうか？

逆境のなかで、あえて新規ビジネスに挑戦する。そして、新たな収入の柱を確保することで、あなたの会社は再び活気を取り戻すでしょう。

会社が元気になるということは、自社だけの影響にとどまりません。新たな仕事は、新たな取引先と新たな雇用を生むでしょう。新たな取引先は、自社の知名度と信用をより高めてくれるでしょうし、新たな雇用が生まれることで地元地域はいままで以上に活性化するはずです。

大事なことなので、もう一度言います。
あなたをいまの悩みから解放させ、会社に活気を取り戻すには、新規ビジネスに挑戦すること！

コロナ禍にあって、以前にも増して売上が伸びているEC業界。
本書ではそのEC業界のなかでも導入しやすく、かつ売上を立てやすいＡｍａｚｏｎ ＥＣの運用方法について解説するほか、他業種でありながらＡｍａｚｏｎ ＥＣをいち早く導入し、本業に迫るほどの収益を確立させた企業の実例も紹介します。

あなたの会社が元気になるということは、街を、地域を、ひいては日本全体が元気になっていくということです。

「ＣＨＡＮＧＥ」は「ＣＨＡＮＣＥ」。

御社の輝かしい未来に向けて、本書がお役立ちできることを、心から願っております。

２０２３年　吉日

宮本達裕

登場キャラクター

役員A

役員B

役員C

役員D

犬塚社長の娘

犬塚社長

犬塚工務店の代表取締役
売上低迷に悩んでいる

犬山社長

犬塚社長の友人
常に有益なアドバイスをくれる

犬田さん

パート勤務
Amazon EC事業を
犬塚社長から任される

目次

第2章 最速で企業せどりの売上を上げるスケジュールとは？

第3章

詳しく知りたい！　企業せどりのQ&A

第4章 企業せどりを導入した企業を参考にしよう！

第５章　失敗から学ぼう！　企業せどりの注意点とは？

装丁／佐藤アキラ
装画・漫画・イラスト／遠藤庸子（silas consulting）
組版・本文デザイン／宮島和幸（KM-Factory）
校正／伊能朋子
編集／蝦名育美
編集協力／星野友絵・大越寛子（silas consulting）

第1章

企業がせどりに取り組むとどうなる!?

犬塚社長のV字回復への道 Part 1

会社の危機をどう救う!?

コロナになってから、なかなか売上が戻らないな……。このままだと、あと何年持ちこたえられるか……
ガチャ
社長、お先に失礼します。もう残っているのは社長だけなので、電気を消していきますね
遅くまでおつかれさまでした
……もうこんな時間かぁ。とにかく売上を上げる方法を考えねば!

この店に来るの
いつぶりだっけ？
金曜の夜
だよな。この3年間は本当にいろいろあったよ
会社のほうは順調？
ワハハハ
コロナで受注がめっきり減って、挽回しないとまずいんだけど、なかなかね……
悩みすぎてめっきり老け込んじゃったよ…
そうだよな。どこもこの3年間は、会社や仕事を守るのに必死だったと思うよ
お前のところはどうよ？なんか、見た感じ肌ツヤもいいし、俺とタメなのに若く見えるんだけど
俺だって去年までは大変で6キロ痩せたんだぜ
おかげで何だかやる気が出てきていま鍛えてるんよ
会社を畳むかってところまで追い込まれたけど、新事業を始めて何とか立て直すことができたんだ!!
へぇ〜、お前の会社は外食チェーンの運営だから、テイクアウト店を始めたとか？
違うよ。当ててみな

A
ハンバーガー屋？
B
違う
A
うどん屋？
B
ブー
A
キャンプ場運営？
B
残念
A
油田掘る？
B
……できねーよ
じつはな……
せどりだよ
会社の新事業としてだよな？
ちょっと意味がわからん
新規事業部って言っても、実務作業をお願いしているのはパートさんひとりだけなんだ
それでも会社の赤字を補えるくらいの売上が継続して出ていて、本当にやってよかったよ

せどりって個人が副業で
やるイメージだけど、
なんで会社でやるの？
せどりは事業としてやる
メリットが、
じつはいっぱいあるんだ
まぁ、俺が詳しく
説明するから
話を聞きな
なんか
カッコよく
見える…

ＥＣを活用して、これからの時代を生き抜こう

ＥＣとは何？

「はじめに」でも触れたように、わたしたちに一番身近なＥＣは、Ａｍａｚｏｎなどのオンラインショッピングサイトです。

ＥＣとは、元々「Electronic Commerce」の略で、日本語にすると、「電子商取引」という意味です。そのため、インターネット経由で契約や決済をして、物やサービスを提供する事業のことを、ＥＣ事業、または、ｅコマースと呼びます。これは、近頃皆さんもよく耳にする言葉ではないでしょうか。

ＥＣ事業の業態は多岐にわたっています。

物品販売だけでなく、旅行や飲食店の予約・保険の契約・コンサートや演劇のチケット販売などのさまざまな形態があり、いまでは企業同士の取引（Ｂ to Ｂ）専門のＥＣ事業を行っている企業も存在しているのです。

ＥＣ業界は、コロナ禍でも売上が伸びている!?

コロナをきっかけに、飲食店や学習塾の経営者から、

「ＥＣ事業を導入するためにはどうしたらいいか？」

というお問合せがわたしの元に数多く届くようになりました。

傾きかけた経営をなんとかするために、中小企業では、新規事業の立ち上げが必要だったのでしょう。社長交流会などでも、興味を持つ人が大勢います。

そこで、新規事業のための会社のせどり＝「ＥＣ事業」のアドバイスをさまざまな

企業に行ったところ、業種を問わず、どの企業も売上を伸ばしていきました。

せどりは元々、会社員が副業でできるほど、シンプルなしくみです。でも、個人の場合、月10万円分の仕入れはかなりハードルが高いのに対し、企業ならば、月100万円単位を投入することも可能です。100万、200万円分の仕入れがすべて売れると、300~400万円の売上につながります。

「資金力」があると一気に売上を伸ばすことができるため、せどりと企業は、とても相性がいいのです。

そのため、本章では「企業がAmazon ECに取り組むとどうなるのか?」という点について詳しく解説していきます。

Amazon ECのメリットや、具体的な狙い目商品についても触れるので、ぜひ、最後までご覧くださいね。

企業せどりの3つのメリットを知ろう

メリット1　本業以外の事業部を最短でつくれる

メリットのひとつ目は、本業以外の新たな収益事業部を、最短でつくれるという点です。

通常、まったくの新規事業を黒字化するまでには1~3年かかると言われています。新規で事業部をつくるとなれば、大きな初期投資と人員配置（または採用）、黒字化までの事業計画や資金調達など、数多くのタスクが発生します。それ以外にも、競合調査やリスクヘッジなどが必要になるので、事業を開始するまで多くの時間を要するのです。

それがＡｍａｚｏｎ ＥＣであれば、前述のような手間はほぼ不要となり、最短２ヵ月目で黒字化、初年度から年商１０００～３０００万円の事業部をつくることが可能です。

「はじめに」でもご紹介した、パートさんひとりで５００万円を売り上げた事例も、**売上が立つまでにかかった時間は、わずか4ヵ月でした。**

もっと正確にお話しすると、１ヵ月目は諸々の準備に費やし、２ヵ月目から実際にＡｍａｚｏｎでの販売をスタート。そして、４ヵ月目で５００万円の売上を達成したのです。

販売開始から考えると、実質２ヵ月強で５００万円の売上が立ったということがわかりますね。このときの販売アイテムは、

・キャンプで使うランタン（１００個）
・パソコン周辺機器（２００個）
・空気清浄機（50台）
・小型家電製品

……などを扱っていました。

ここで考えてほしいのは、「自分の手間」です。

ひとつ1000円で売るのも、ひとつ10万円で売るのも、手間は同じ。

ですから、ひとつあたりの売値を高くして、より少ない商品アイテムで大きな売上を立てることを目指しましょう。

メリット2―①　少ないコストで売上を上げられる

パートさんひとりでも、500万円の売上を上げられるAmazon EC。

もし、同じような小売業を実店舗で行う場合、どのくらいの固定費がかかるかわかりますか？

仮に10坪程度の物件でお店を開業する場合、どんなに小さく見積もったとしても、初期投資だけで500万円以上は必要です。

まず、物件を取得する費用に１００万円以上。

そして、その物件をお店のしつらえにしていくための内装費、外装費で３００万円。

さらにレジや棚など、諸々の備品を揃えるのに１００万円、お店を知ってもらうためのチラシ配りやｗｅｂ広告費用として30万円はかかるでしょう。

雑貨屋の初期費用目安

項目	金額
物件取得費	150万円
内外装費	300万円
備品購入費	100万円
広告宣伝費	30万円
合計	580万円

しかも！　ここまではお店を始める前までの話です。
ここからお店を始めるとなると、ざっと見積もっても、さらに毎月１００万円以上のお金が出ていってしまいます。
まず人件費。オーナーひとりでお店に立つのなら、人件費はゼロですが、仮にパートさんを2人（週3日程度出勤）雇うとすると、毎月の人件費は20万円です。
また、そこから商品の仕入れも必要になるでしょう。仮に毎月120万円の商品を仕入れ、賃貸料として毎月14万円払い、チラシなどの広告宣伝費に毎月20万円払うとすると、少なく見積もっても毎月174万円の支出に！

雑貨屋の運営資金
目安（月額）

項目	金額
人件費	20万円
仕入れ費	120万円
賃貸料	14万円
広告宣伝費	20万円
合計	174 万円

仮に4ヵ月間続けると、マイナス1276万円！
実店舗で小売業を行おうとすると、スタートしてわずか4ヵ月で1000万円以上のお金が必要なのです。
ところが、これがAmazonを使ったECであればどうでしょうか。

まず店舗を構える必要がないので、物件取得費はゼロ。当然ながら内装費や外装費もゼロ。備品も、すでに社内にあるパソコンやプリンターを使うのであれば、必要ありません。仮に新しく揃えるとしても3万円程度でしょう。

さらに、広告宣伝費に関しては、ゼロです。

Ａｍａｚｏｎがつくり上げてきた、日本一集客力のあるサイトがあるので、実店舗を始めるのに比べて、ほぼ初期投資ゼロで商売を始められます。

メリット2—②　固定費を最小限に抑えることができる

次に月々の固定費についてです。

人件費は、専属のパートさんひとりで仕事を回せるので、月10万円程度です。

仕入れに関してはまちまちですが、仮に実店舗と同じ１２０万円としましょう。

ちなみにＡｍａｚｏｎの場合、仕入れ１２０万円分の商品であれば、およそ１・６～１・８倍の売上になり、それが2週間に1回のスパンで銀行口座に入金されます。

ここは、のちほど専用のデータを用いながら、商品アイテムと仕入れ個数や選定の方法を詳しく解説していきますね。

賃貸料と広告宣伝費は、当然ゼロです。ほかには、Amazonの倉庫とAmazon大口契約を結ぶので、月々1万円程度かかります。

基本的な費用はこれだけです。

実際の小売店を運営することに比べて、初期投資はほぼゼロと考えていいでしょう。月々の固定費も、人件費と仕入れ費のみに抑えることができるのです。

いかがでしょう?

ECは実店舗とは比べ物にならないほど、少ない資金で商売をすることが可能だということがわかるのではないでしょうか。

いま、新たな商売をしたり、新規事業部をスタートしたりするにあたって、ここまで初期投資が少なく、リスクを回避して始められる事業モデルはありません。

メリット３　時間と場所に左右されない

Ａｍａｚｏｎを使ってのＥＣサイト販売は完全オンライン、すべてをインターネット上で完結することができます。

つまり、24時間、３６５日いつでもどこでも商品を販売できるということですよね。

極端な話、インターネット環境と必要最低限の備品（パソコン、プリンター）さえ整えたら、場所を問わず、いつでもどこでも商売が可能になるのです。

誰でもどこでも実践できるということは「実店舗のパートスタッフさん」でも実践可能ということですね。

たとえば鍼灸整骨院の受付スタッフさん、個人美容室や個人飲食店を経営されているオーナーさん、コワーキングスペースの受付事務員さんなどでもできるということです。

実店舗で仕事をしつつも、隙間時間というのはかならず出てきますよね。

その隙間時間を有効活用する意味でも、Ａｍａｚｏｎ ＥＣを活用して売上を上げていくことは十分可能です。

実際、Ａｍａｚｏｎ ＥＣを取り入れながら、飲食店を経営しているという企業もあります。

ある企業では、オーナーが数字の管理をしつつ、商品リサーチやＡｍａｚｏｎへの納品など、細かい作業は、学生スタッフが対応していました。

パソコンやスマホを使った作業は、10～20代前半のデジタルネイティブ世代のほうが、圧倒的に得意です。

また、オーナーいわく、成果に応じたインセンティブを設けることによって、学生スタッフのモチベーションも上がり、実際の成果につながっているそうです。

企業せどりを始めるなら、Ａｍａｚｏｎがおすすめ！

主要なＥＣサイトを確認しよう

世の中にＥＣ販売（ネット販売）するプラットフォーム（場所）は数多くあります。メルカリ・楽天・ｐａｙｐａｙフリマ・ヤフオクなど大手サイトが運営しているものから、ＢＡＳＥなど無料で使えるものも最近は多いのです。

参考までに、主要なものを簡単にご紹介しましょう（２０２３年3月現在）。

Ａｍａｚｏｎ

Ａｍａｚｏｎは、いろいろな人が商品を出店できるプラットフォーム。

出品することで、世界中のお客様をターゲットにできるため、個人事業主や中小企業、大手企業、スタートアップ企業など、さまざまな層が利用しています。

ただし、ほかのプラットフォームやアプリと比較すると、利用コストは少し高めに設定されているようです。

- 初期費用料：無料
- 月額利用料：小口出品は1商品ごとに110円（税込）、大口出品は5390円（税込）
- 販売手数料：販売価格の8～15%

メルカリ

メルカリは現在、日本最大のフリマアプリです。

誰でも簡単に出品できることや出品可能アイテムが新品・中古・ハンドメイド作品と幅広いのも特徴です。

月間2000万人以上のお客様が利用していますが、比較的、女性の利用者が多いといわれています。アプリは直感的に操作できるため、初心者でも利用しやすいというメリットがあります。

メルカリの場合、売上金をメルペイで受け取り、買い物に使えるのも特徴のひとつです。

- 初期費用料：無料
- 月額利用料：無料
- 販売手数料：商品価格の10％

楽天市場

「楽天市場」は、使い方に合わせて3種類のプランから選んで出店できるECアプリです。

アフィリエイトや楽天ポイントの利用、定期的なセールやキャンペーンなどを行っているため、集客力に優れ、利用者が大勢います。

ただし、出店者の固定コストが高く、大手企業も数多く参入しているので、自分でしっかりと集客活動をしなければ、商品が売れないという点には注意しましょう。

・初期費用料：6万円
・月額利用料：
①がんばれ！　プラン　1万9500円（税込）／年間一括払い
②スタンダードプラン　5万円（税込）　※半年ごとの2回分割払いの場合
③メガショッププラン　10万円（税込）　※半年ごとの2回分割払いの場合
・販売手数料：
①がんばれ！　プラン　月間売上高の3・5〜7・0%
②スタンダードプラン　月間売上高の2・0〜4・5%
③メガショッププラン　月間売上高の2・0〜4・5%

PayPayフリマ

PayPayフリマは、ヤフー株式会社が運営するフリマアプリ。「ヤフオク!」と連動しているのも特徴です。

スマホ決済サービスの「PayPay」やヤフー株式会社が運営するサービスと連携しているため、売上金をPayPayにチャージして、買い物に使うこともできます。

動画で商品紹介ができるしくみも取り入れています。

・初期費用料：無料
・月額利用料：無料
・販売手数料：販売価格の5%

Yahoo! ショッピング

Yahoo! ショッピングは、ヤフー株式会社が運営するECのこと。

Yahoo! JAPANのトップページや検索結果などからの集客力が強いサー

ビスに、低コストで出店できます。初期費用や月額利用料がかからないのも大きな特徴です。

ただし、利用者が多いプラットフォームは、競合店も多くなる傾向があります。事前のマーケティングはしっかり行いましょう。

・初期費用料：無料
・月額利用料：無料
・販売手数料：
①ストアポイント原資負担　販売価格の1～15％
②キャンペーン原資負担　販売価格の1・5％
③アフィリエイトパートナー報酬原資　販売価格の1～50％
④アフィリエイト手数料　アフィリエイトパートナー報酬原資の30％

BASE

ＢＡＳＥは、ＢＡＳＥ株式会社が運用するＥＣアプリです。

現在１９０万件のショップが開設されています。

デザインのテンプレートが豊富に用意されているため、自由にテーマを選んで、自分好みのネットショップが簡単につくれるのも特徴です。

有料プランもありますが、スタンダードプランなら初期費用なしで始めることも可能です。

・初期費用：無料
・月額利用料：
①スタンダードプラン　無料
②グロースプラン　５９８０円
・サービス利用料：
①スタンダードプラン　販売価格の３％

②グロースプラン　無料
・販売手数料：
①スタンダードプラン　販売価格の3・6%＋40円
②グロースプラン　販売価格の2・9%

現在、さまざまなプラットホームやアプリがありますので、商品のターゲットと相性のいいところを選ぶことが大切です。

Amazon出店がおすすめのワケ

いまは、このように複数のECサイトがあるので、

「なぜそのなかでもAmazonがおすすめなのだろう……?」

と疑問に思う人もいるでしょう。

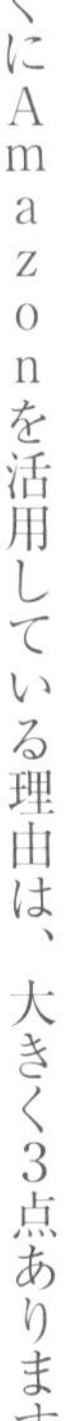
わたしがとくにAmazonを活用している理由は、大きく3点あります。

Amazon のメリット

Amazonの集客力と販売力を利用できる
（出店無料）

Amazon 倉庫と配送サービス、
カスタマーサポートを利用できる
（お客様への発送や入金確認、クレーム対応もお任せ）

どの商品が何円で、月に何個売れて
いるかが、専用ツールでわかる

メルカリや楽天市場と違い、Ａｍａｚｏｎでは専用の倉庫を提供され、配送やお客様対応もＡｍａｚｏｎのカスタマーサポートが対応してくれます。

この点がほかのプラットフォームと大きく異なり、自分のかける時間や労力を最小限にして、売上を伸ばす後押しになるのです。

仮にＡｍａｚｏｎのように、自社で倉庫を契約し、商品の梱包や発送作業のスタッフを雇い、さらに**顧客対応や入金確認、クレーム対応までを自社で行うとすれば、いったいいくらの固定費がかかるのでしょうか？**

本来であれば少なく見積もっても数十万円の固定費がかかるところ、Ａｍａｚｏｎを使えば、月額５０００円程度ですべて利用できます。

もちろん商材（アパレルや食品など）によってはメルカリや楽天市場のほうが売れるものもありますが、それを差し引いたとしても、やはりＡｍａｚｏｎを使ってＥＣの事業部をつくっていくことが一番難易度が低いと言えるでしょう。

扱う商品は、3K（高単価×小型×高回転）が狙い目！

EC事業ではまず3K商品を扱おう

ここまで、お話ししてきたように、ECのファーストステップの第一歩目のおすすめは、Amazon一択です。ご自身のかける時間や労力を最小限にして、売上を伸ばしていくことが大切です。

ただ、ここであなたはこう思ったのではないでしょうか？

「売る場所はAmazonということはわかった！　でも、実際に売る商材はどうするの？」

そこで、わたしがお伝えしているのは、**高単価で売れ、小型の商品で、しかも高回転（よく売れる）という3Kを満たした商材です**。

いくらよく売れる商材でも単価が１００円ではまとまった売上をつくれません。

逆に、1個30万円で売れる商材でも、1年に1回しか売れなければ事業としてはなかなか難しいものです。

また、1個１６０サイズ（箱の3辺の合計サイズ）のような巨大な商材では、いざ売れたとしても送料が高すぎて収益を圧迫してしまいます。

商品の送料も、コストとして決して安くはありません。大きくなると、より送料がかさむので、この点も念頭に置いておくといいでしょう。

送料は会社側の負担にしたほうが、売れやすい傾向があります。

たとえば、プリンターのような大きくて重い商品の場合は、送料だけで１０００円を超えるので、なるべく小さくて単価の高いもの（万単位の商品）を扱うのがおすすめです。

（送料の目安：ゆうパック　２０２３年現在）
※東京都内から大阪まで１６０サイズの送料は１個２１６０円
※東京都内から沖縄まで１６０サイズの送料は１個２６６０円

３Ｋに最適な商品は、スマホ！

わたしがおすすめする３Ｋに適した商材は、スマホです。


しかも中古の型落ちスマホ。

これこそが、ＡｍａｚｏｎＥＣを始めるにおいて最初に取り入れるべき商材です。

日常生活に欠かせないスマホは、いまやひとり1台、人によっては2台3台と持つのが当たり前の時代となりました。

総務省の発表によると２０２２年の時点で、日本の携帯契約数は2億９０５９万件というデータが出ています。日本の総人口が約1億２０００万人ですから、ひとり2台の携帯を持っている計算です。

扱う商品は「3K」

この3つの条件に当てはまる
型落ちスマホがおすすめ！

しかしながら、なぜ中古のスマホを欲しいという人がいるのでしょうか？

さらに、なぜＡｍａｚｏｎのようなインターネット通販を通して売れていくのでしょうか？

理由のひとつとしては、２０１６年から開始された、ＳＩＭロック解除の義務化が挙げられます。

これによりＳＩＭカードさえあれば、安い端末を「誰でも」使えるようになりました。

それにともなって多少型落ちした:iＰｈｏｎｅやアンドロイドでも、「使えればいい」と考える人も多くなったのです。

また**お子様や高齢者など、はじめてスマホを持つ人専用のスマホ需要も増えています。**

「はじめてのスマホだし、まずは:iＰｈｏｎｅ14よりも:iＰｈｏｎｅ5で操作に慣れよう」というイメージでしょうか。

これらの理由によって、中古スマホの需要は年々拡大しており、中古スマホをＡｍａｚｏｎのようなインターネット通販を通して購入する人が、一定数いるのです。

中古スマホは販売前のチェックが欠かせない!?

中古のスマホは品質確認が必須!

Ａｍａｚｏｎ ＥＣのファーストステップは、中古スマホ。
とはいえ、中古スマホを扱ううえでチェックすべき項目が3点あります。

1　動作を確認
2　傷の具合を確認
3　ネットワーク利用制限を確認

つまり、そのスマホが「使えるかどうか?」を確認してから販売する必要があるわけです。

1と2は見た目や簡単な動作確認で解決できるかと思うのですが、問題は3のネットワーク利用制限の確認です。

ネットワーク利用制限とは、店頭やネットで購入したスマホの分割払いが滞ったり代金が支払われなかった場合など、一定の条件によって通信に制限がかけられてしまい、一切の通信ができなくなる状態のことを指します。

たとえば5万円のスマホを24回分割で買った場合。

支払い回数が24回分すべて終わっていれば、そのスマホは自由に使えます。しかし、たとえば12回目で支払いが滞ってしまっていた場合や完全に支払いが滞ってしまった場合などは、そのスマホは使えないように利用制限をかけられてしまうのです。

ですから、**中古のスマホを仕入れる場合はかならず「ネットワーク利用制限の対象端末になっていないかな?」と確認してください。**

「ネットワーク利用制限」の状態を調べてみる

具体的には、

①そのスマホのキャリア（docomoかauかソフトバンク）を確認する
②そのキャリアのネットワーク利用制限確認ページに飛ぶ
③そこに各スマホの製造番号を打ち込む

という手順で、利用制限の有無が確認できます。
結果は「○・△・×」で表示されますので、下の図でご紹介しておきますね。

ネットワーク利用制限判定結果の○△×の記号の意味とは？

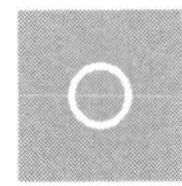
端末の代金が完済していて通信可能
問題なく使用できる状態

端末の残債が残っている
問題なく使用できるが将来的に×になる
可能性がある状態

端末の残債が支払われず、通信の制限がかけられて
通信が使用できない状態（通称赤ロム）

これからはECと関係ない業界も参入していく

いま、わたしの会社から、Amazon ECを導入いただいている企業の一部をご紹介します。

- 司法書士事務所
- 整骨院
- 飲食店
- 研修会社
- 塗装会社
- 海外品輸入会社
- 訪問介護会社
- 工務店
- BAR
- 従業員100名超の注文住宅会社
- FP事務所
- デザイン会社
- 葬儀会社（グループ企業上場）
- 不動産仲介会社
- 民泊、不動産会社
- ナチュラルワインバー
- 高級宿泊施設の清掃会社

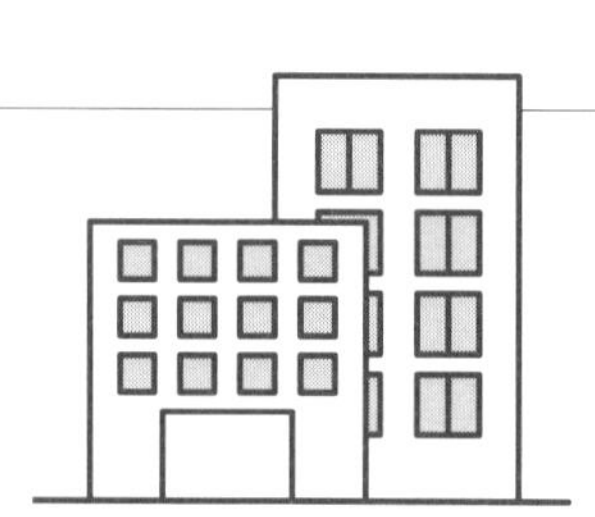

いかがでしょう?

ご覧いただけるとわかるかと思いますが、ＥＣ事業とはまったく関係のない企業ばかりです。

司法書士の事務所や飲食店、１００名の従業員を抱える注文住宅の企業や、グループ会社が上場している葬儀会社にも、Ａｍａｚｏｎ ＥＣを導入いただいています。

やはりいまの時代、本業だけでなく、第2第3の収入の柱を持っておきたいという企業が多いということでしょう。

現在Ａｍａｚｏｎでは、自社ＥＣを持っているうえで並行してＡｍａｚｏｎ ＥＣも活用しているライバル会社がほとんどないので、新規事業としてはまだまだ狙い目です。

商品とプラットフォームのユーザー層を合わせよう

自社ＥＣで売上が伸び悩んでいる企業にも、Ａｍａｚｏｎ ＥＣはおすすめです。

もしも自社ＥＣで商品が売れにくい場合、販売している商品とＥＣのプラットフォームが合っていないのかもしれません。

プラットフォームによって、売れやすい商品は大きく変わりますので、サイトのデザインやサイトのユーザー層と、扱っている商品のターゲットが合っているかどうかを見直しましょう。

たとえば、大きなくくりで分けるとすると、男性向けはＡｍａｚｏｎ、女性向けはメルカリを利用することが多い傾向にあります。

ですから、Ａｍａｚｏｎでは、食べ物やアパレル関係などの女性が好む品物は売れにくいのです。

加えて、青汁などの健康食品やプロテインは、扱うライバルが多く、レッドオーシャン状態。食べ物・アパレル・健康食品のみを扱うのであれば、Ａｍａｚｏｎ ＥＣではなく、自社ＥＣや、インフルエンサーの手を借りて広めていく方法をとったほうがいいでしょう。

売れる商品を扱って、自信をつける！

実店舗とオンラインでは、売るためのコツが違うため、いきなり自社商品をＥＣで売るのは、案外難しいものです。

自社ＥＣでうまくいっていない会社の場合、最初に「ＥＣで売れる感覚」を身につけることから始めるのも有効です。

まずはスマホなどの売れやすい商品を、ＡｍａｚｏｎＥＣで売ってみてください。それが軌道に乗っていくと、自然と自信もつきますし、どんな商品が、どんな値段で買われていくのかというコツもつかめていくはずです。

一度売れやすい商品で慣れてから、自社の商品の出品に挑戦していく……という流れが、うまくいく秘訣ですよ。

Ａｍａｚｏｎのプラットフォームを上手に活用しよう

このようなことが可能になった理由は、「ＧＡＦＡ企業の躍進」にほかなりません。ほんの28年前、Ａｍａｚｏｎ．ｃｏｍはアメリカのシアトルで創業者のジェフ・ベゾス氏によって設立されました。

当時は「オンライン書店サービス」の企業としてサービスを展開していったようです。

Amazon.co.jpが日本に上陸したのは２０００年の頃。

そこからどんどんサービスを拡大し、日本では３００社の出版社と取引契約をしています。

出版業界でいえば、一般書店が30年前の半分まで減少するなか、Amazon.co.jpの企業規模はどんどん拡大し、**日本に上陸後、わずか17年で売上１兆円を突破。**

いまや、全国各地に物流サービスの拠点を築きつつあります。

Ｇｏｏｇｌｅしかり、Ａｐｐｌｅしかり、Ｆａｃｅｂｏｏｋ（現メタ社）しかり。アメリカの代表的なＩＴ企業は、圧倒的な資金力とスピードで、世界各地で商売を展開しているのです。

Ａｍａｚｏｎといえば、まさに世界最大のＥＣプラットフォームです。**すでにできあがっているプラットフォームの上で商売をするほうが、イチからすべて自分でつくり出すよりも、圧倒的に早く確実に売上と利益を残せるでしょう。**

とくにＥＣは、経費がほとんどかかりませんし、企業が持つ豊富な資金力と人材を最大限使うことによって、年間数千万円の事業部を1年でつくることも、それほど難しくありません。

とても可能性に満ちた事業であると言えるでしょう。

企業せどりと、ほかの新規事業の違いを知ろう

ＥＣ事業は新規事業のなかで、利益の大きい事業になる

第1章の最後に、ほかの新規事業とＥＣ事業の違いを見てみましょう。

新規事業には多種多様ありますが、企業が行う新規事業といえば「飲食店やエステサロンのような箱型の店舗ビジネス」と「株式や外貨、事業主に出資する投資」でしょう。

これらと、ＥＣ事業を比較したものが次ページの表です。

地域性や投資時期といった不確定要素はあるのですが、それを差し引いたとしても、ＥＣ事業を導入することのメリットは一目瞭然でしょう。

かける時間や抱えるリスク、収益化までのスケジュールを精査すると、ほかの事業に比べてメリットが大きいのです。

もちろん、ＥＣ事業にもデメリットはあります。

大きく売上を伸ばすには資金力が必要ですし、人員の管理や、安定した仕入れ先からの商品供給は不可欠です。

とはいえ、ＥＣ事業はほかの事業に比

	ＥＣ事業	投資	飲食などの店舗ビジネス
売上	○ 青天井	△ 年利10%	△ １店舗の上限
成果の出るスピード	○ 開始２ヵ月	△ 元本と市場次第	× 半年から１年
再現性	○ パートのみで可能	× 独自の理論、運	△ ジャンル次第
かける時間	○ １日１～２時間	△ パソコンに 1日張りつき	× 10～16時間
安定性	○ 毎月安定した売上	× 市場次第で大暴落	× 固定顧客次第

べると、圧倒的にリスクを小さくして収益を伸ばしていくことが可能ですし、万が一失敗したとしても、そもそもの初期投資が少ないため、損失を最小限にして撤退することができます。

ここまでのお話で、ＥＣ事業のメリット、Ａｍａｚｏｎ ＥＣのメリットをご理解いただけたのではないでしょうか。

しっかりと商品を吟味すれば、ＥＣ事業は利益を出しやすいものです。

ぜひ、あなたの会社でも取り入れてみてくださいね。

第2章

最速で企業せどりの売上を上げるスケジュールとは？

犬塚社長のV字回復への道　Part 2

企業せどりはホントにできる!?

休日、自宅にて

このあいだ、あいつが言っていたAmazonのせどり、うちの会社でもできるんだろうか？

よく買い物するECサイトだけど、出品しようなんて考えたこともなかったな

最短で売上を上げる方法としては、ベストな気もする…

事業として出品してみるとして……うちは注文住宅の工務店だから、Amazonで家を売る……のは、現実的ではないな

資材を売る？

高騰しているこのご時世に、高く仕入れて本当に売れるのかもわからん……

じゃあ何を売る？

キッチン？　ユニットバス？

いやいやいや……
現実的ではないな。
遠方から注文が入っても
対応できない
そもそもこの辺もAmazonで売っているのか？
そう言えば、
あいつは何を
出品してるって
言ってたっけ？
お父さーん、
いまから友達
と出かける
から駅まで
送ってってー
父さん、いま
忙しいから、
自転車で駅
まで行きな
えー　ずっと
腕組みして
いるだけだし
ヒマそう
なのに…
仮に何かを出品するとして……
・簡単に仕入れ先は見つかるか？
・商品の在庫はどうやって管理する？
・価格のつけ方はどう決める？
・うちの従業員のなかで、
せどりの業務に適しているのは誰？

はぁー……
わからんこと
だらけ……
こんなんじゃ、
売上を立てる
スケジュールが
まったく見えん……
そうだ!!
もしもし?
こないだは
ありがとな

電話を待ってたよ！ いま、せどりを事業にしたらって悩んでたところだろ？
え!? どうしてわかった？
お前には俺が何をしているか見えるのか？
最近の俺は冴えてるてな。よしわかった！
お前が疑問に思っていること、いまから詳しく解説するよ
おおー…、どや顔…

ステップ1
予算と人材を確保して、古物商の免許を取得しよう

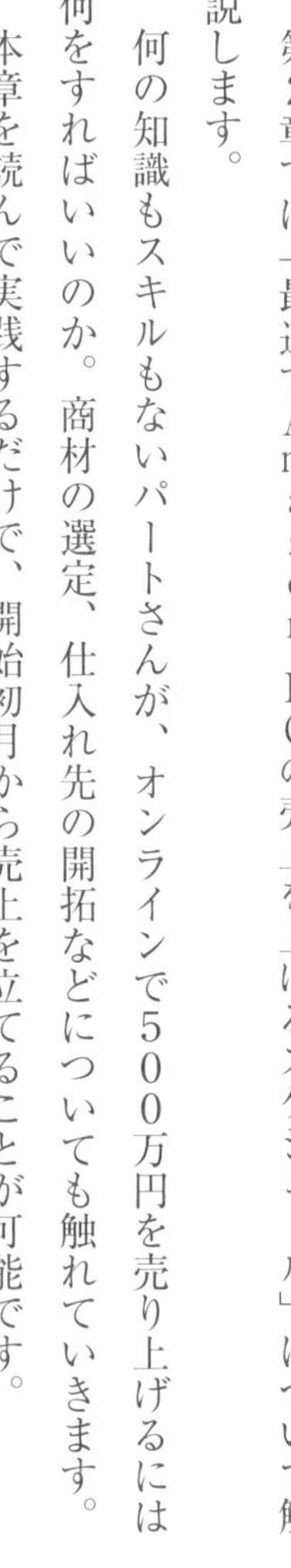

事前準備で、予算の確保は必須！

第2章では「最速でＡｍａｚｏｎ ＥＣの売上を上げるスケジュール」について解説します。

何の知識もスキルもないパートさんが、オンラインで５００万円を売り上げるには何をすればいいのか。商材の選定、仕入れ先の開拓などについても触れていきます。

本章を読んで実践するだけで、開始初月から売上を立てることが可能です。

Ａｍａｚｏｎ ＥＣのファーストステップとしては、月の売上目標の設定とそれに

ともなう仕入れ予算の確保。また実際に事業を回していく人材の選定と古物商免許の取得などがあります。

たとえば月に100万円の売上を上げようと思えば、50〜60万円を商品の仕入れに使う必要があります。まずは、

・その仕入れ資金の予算を確保できるか？

・もしできなければ、融資などで引っ張ってくるか？

ということを考えたほうがいいでしょう。

Amazon ECの成功は、資金力によるところも大きいので、まずは資金の確保が重要です。

最初は小さく始めてもいいの？

先ほど100万円の売上を上げるには50〜60万円の予算を組めばいいという目安をご紹介しましたが、もちろん最初はもっと小さく始めても大丈夫です。

商品アイテムを例にお話しすると、たとえば第1章で挙げた中古スマホの場合、型番や機種にもよるのですが、大体仕入れ単価は1万円程度です。

たとえば中古のスマホを5台程度仕入れて、Ａｍａｚｏｎの倉庫に送り、販売の流れをつかんでいくのもいいかと思います。

ちなみにスマホなら、同じ機種を5台でも、同じ機種の色違いを5台でも、あるいは違う機種5台でもかまいません。

いずれにしても、専用ツールを使って、それぞれの商品の1ヵ月の販売個

専門ツールで
「販売個数」や「売値」を
確認して仕入れよう！

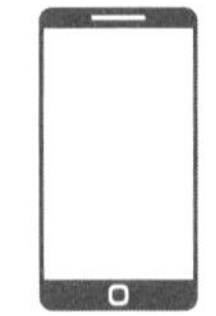 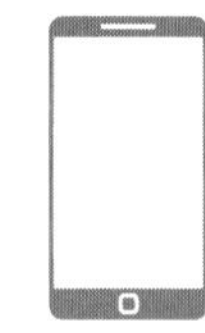   

5台のスマホで販売の流れを掴もう！

数や売値を確認してから仕入れるといいでしょう（同じ機種でも白色か黒色で売れ行きがまったく異なりますし、発売時期が1年違うだけで売れ行きが激変することもあります）。

担当者を決めるポイントは？

次に、ＡｍａｚｏｎＥＣを動かしていく人材の選定です。

もちろん社長自らが行ってもいいのですが、99％の確率で手つかずになってしまうので、かならず運営人員は確保してください。

どんな人が向いているのか聞かれることも多いのですが、パソコンのキーボードをタイピングできる人であれば、誰でも大丈夫です。

実際に、冒頭でお話しした５００万円を売り上げたパートさんは、50代で、パソコン操作も得意ではなかったのですが、１ヵ月もすればサクサク作業をこなせるようになりました。

ただ売上や営業利益などの数字の管理は、シビアに細かくできる人なら、なおいいですね。

さらに言うと、ゆくゆくは、メーカーや卸業者とのやりとりも行うことを見越して、最低限のビジネスマナーを兼ね備えている人が望ましいでしょう。ただ、簡単なメールや電話のやりとりだけですから、あまり神経質になる必要はありません。最低限のコミュニケーションが取れる方であれば、まったく問題ないでしょう。

「古物商」の免許は、早めに取得しよう

中古の商材を扱う際は、「古物商（こぶつしょう）」という免許が必要になります。

古物商というのは古物営業法に規定される古物を商売として売買する際に必要とされる免許です。

先ほど例に出した「中古のスマホ」を仕入れて販売する際に必要な免許となるので、実際に仕入れて販売するまでに、社長さんがかならず取得しておいてください。

取得に関しては、そこまで難しいことはありません。

最寄りの警察署に出向けば取得できますし、司法書士や行政書士に依頼して代理取得してもらうことも可能です。

ただ、申請から実際の取得まで1ヵ月程度かかる場合もあるので、このステップ1の準備段階で取得しておきましょう。

ステップ2

Amazon開設と商品の仕入れ先の開拓をしよう

ステップ2—①Amazon開設と商品のリサーチ

事前準備が整えば、次はAmazonショップの開設です。

開設といっても会社情報と担当者情報、お店の名前、売上を入金する口座を登録するだけなので、30分ほどでショップ開設することができます。

Amazonのショップを開設したら、いよいよ商材のリサーチと仕入れです。

Amazonでは、「どの商品」が「どの値段」で「月に何個売れているのか」というデータをすべて公開データとして取得することができます。

具体的には「デルタトレーサー」と「Ｋｅｅｐａ」というツールを使ってリサーチをしていきます。

月額２０００円と有料ですが、かなり詳しい情報が手に入るので、わたしは「デルタトレーサー」をおすすめしています。

このツールを使って商品リサーチをしていくのですが、最初のうちは自社で使わなくなった備品や家電製品がＡｍａｚｏｎではどれくらいで売れているのかを調べたり、実際に出品したりするところから始めていくといいですね。

また、メルカリなどのフリマアプリの商品にも、Ａｍａｚｏｎで出品すれば差益が取れるものがあるので、リサーチすることをおすすめしています。

スマホを販売するまでの流れを知ろう

①Ａｍａｚｏｎサイトで、Ａｍａｚｏｎの売れ筋をチェックする

1　Ａｍａｚｏｎでスマホの「売れ筋ランキング」を確認

2　一番左上の、もっとも売れている商品をクリック（新品、中古の金額、発売年、大きさなどの詳細も表示されます）

3　商品の詳細情報からＡＳＩＮの識別番号（10桁）を確認

②「デルタトレーサー」で、商品の詳細情報をチェック

1　「デルタトレーサー」を使って、Ａｍａｚｏｎで調べたＡＳＩＮの識別番号を入力

2　売れ筋商品とライバルの人数、値段が崩れていないかを確認

③問題がなければ、メルカリやヤフオクで該当商品を探し、見つかったら購入（仕入れる）

Ａｍａｚｏｎで最上位の商品は、メルカリやヤフオクで手に入らないケースも多々あります。

商品が出回っていない場合は、古い型のもの、Ａｍａｚｏｎで2位以下のものもり

サーチし、仕入れるといいでしょう。

④仕入れたら、商品をAmazonに登録し、商品を倉庫に送る

新品なら箱のまま。中古ならプチプチ（ポリエチレン気泡緩衝材）でひとつずつ丁寧に梱包し、箱に詰め、Amazonの倉庫に送る。最初は10個を目安にまとめて送りましょう。

⑤Amazonに到着したら、販売開始

倉庫に送ったあとは、基本的にすべてAmazon側で対応してくれます。

もちろん、売れたあとの発送手続きなどもお任せです。

⑥1週間に一度は、売れ行きなどをチェック

Amazon ECは週末に売れやすい傾向があるので、商品の動きがよくない場合は、金曜日にAmazonポイントをつけたり、値段を変えたりして、販売促進を行います（操作は簡単です）。

もし3ヵ月経っても売れなければ、赤字でもいいので、大幅に値段を下げて販売してしまいましょう。これは、Ａｍａｚｏｎに対して、在庫保管料がかかるためです。Ａｍａｚｏｎ倉庫を利用する場合、商品ひとつずつに保管料がかかります（スマホのような小さいものなら、1ヵ月1個5円）。

単価ではそこまで大きな負担に感じないかもしれませんが、企業でＡｍａｚｏｎＥＣを行う場合、100個以上まとめて仕入れることが多いもの。大きく展開する会社ほど、在庫を長く持つことはデメリットになります。早く現金化して、資金繰りをよくしていきましょう。

大きな商品になると、保管料は1ヵ月300～500円かかります。そういったコストの面からも、最初はスマホやカメラなどの小さな商品を扱うのがおすすめですね。

【リサーチ→仕入れ→Ａｍａｚｏｎ倉庫へ納品→販売→入金確認】

このサイクルを何回かこなし、ＥＣ販売の流れをつかんでいきましょう。

なお、リサーチにかける時間ですが、最初はリサーチ以外にすることはないと思うので、勤務時間の目一杯をリサーチに費やしてください（1日5時間程度）。

はじめは販売データの見方（年間の販売個数と出品者数、適正価格の見極め）に時間がかかると思いますが、1ヵ月もすればスムーズにこなせるようになっていきます。

商品の売れ行きや適正価格を見極めよう

一点、商品リサーチについて補足しておきましょう。

先ほどもお話しした通り、Ａｍａｚｏｎでは、1商品ごとの販売個数や最適販売値を専門ツールで正確に出すことができます。「デルタトレーサー」や「ｋｅｅｐａ」がおすすめです。

アプリをうまく使うと、1～3ヵ月の平均販売個数など、すべてのデータが瞬時にわかりますよ（次ページの図）。

そのデータを元に仕入れと販売を繰り返していくと、基本的には3ヵ月以上滞留する在庫はありません。

データどおりに進めていけば、月100万円の売上はすぐでしょう。

後出しジャンケンのようですが、客観的な数字を元に商売を行うので、手堅く売上と利益を残していけるはずです。

3ヵ月で100万円を売り上げるための流れとは？

スマホを例に、3ヵ月で100万円を売り上げるための流れを確認していきましょう。

①1ヵ月目はテスト

別々の型のスマホを10万円程度で10台

図　3ヵ月の平均個数

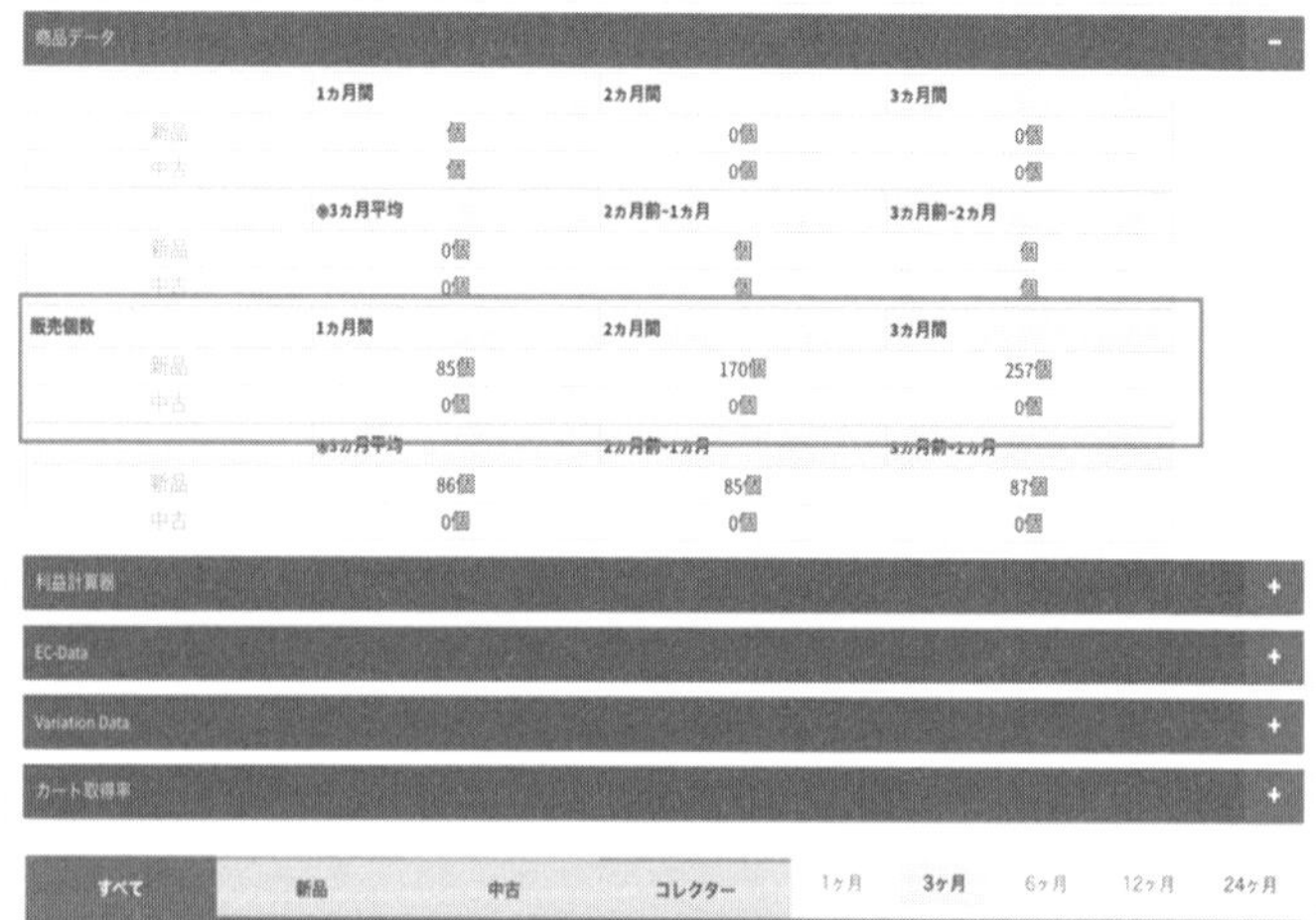

仕入れます。

「エクスペリア●」など型番ごとに、色違いを1台ずつ購入。デザインによって、人気のカラーがあるので、データを見ながら購入すると◎。

（基本は白と黒が人気。紫や赤などは、型番によって人気が分かれます）

②2ヵ月目に販売、再度仕入れ
うまくいけば、中古のスマホは倍の価格で売ることができます。10万円の仕入れ分で、20万円程度の売上になるはずです。2ヵ月目では、①で人気だったものをさらに60台（60万円分）仕入れることを目指しましょう。

③3ヵ月目で販売（120万円で販売）
60万円分を仕入れると、3ヵ月目でおよそ120万円の売上になるはずです。

その後も、①～③と同じような流れで、どんどん扱う台数を増やして売上を伸ばしていきましょう。

ステップ2―②　デルタトレーサーで仕入れを見極める

「デルタトレーサー」は月額2200円で利用できるAmazon専用のリサーチツールです。Amazonのほぼすべての販売データが見られるのでぜひ導入しておいてくださいね。

商品情報を知るためには、図①の太線で囲んだ検索窓にAmazonで出品されている商品のJANコード（バーコード番号）や、商品タイトル、そしてキーワードを入れると、検索することができます。

図①　デルタトレーサー

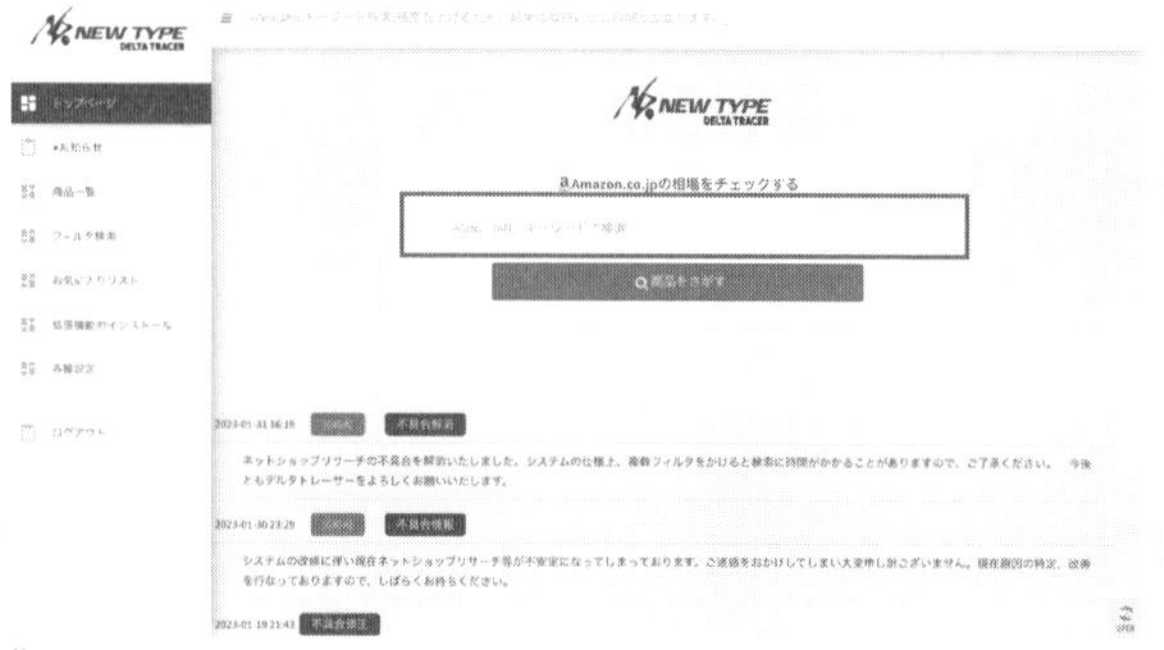

それでは、実際の検索作業に移りましょう。今回は、試しにAmazonの検索画面で「エクスペリア10」と検索してみてください（図②）。

10シリーズのなかでもとくに人気の高い、「SO-52C」のブラックを検索していきます（図③）。

図②　Amazon

図③　エクスペリア10　SO-52C

図④　ASIN検索

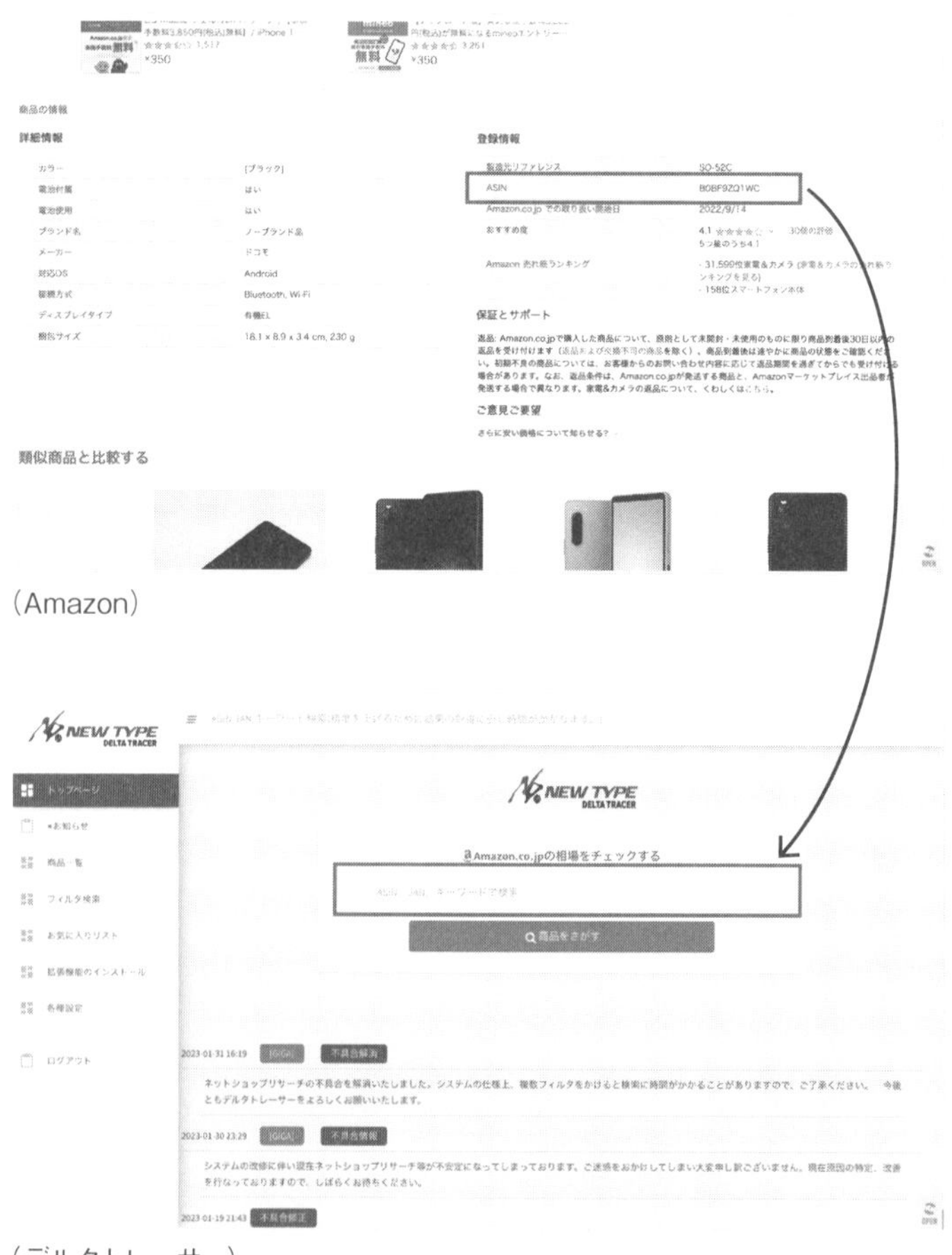

（Amazon）

（デルタトレーサー）

次にこの商品ページを、下にスクロールしてください。

すると「商品詳細情報」に「ＡＳＩＮ」という項目があります。この10桁の番号をデルタトレーサーの検索窓に打ち込みましょう（図④）。

※ＡＳＩＮとは、Ａｍａｚｏｎ上で商品を識別するために振り分けられた10桁の番号のことです。

この「ＡＳＩＮ」をデルタトレーサーの検索窓に打ち込んでみると、

図⑤のように商品の詳細データが出てきます。

図⑤　商品詳細データ

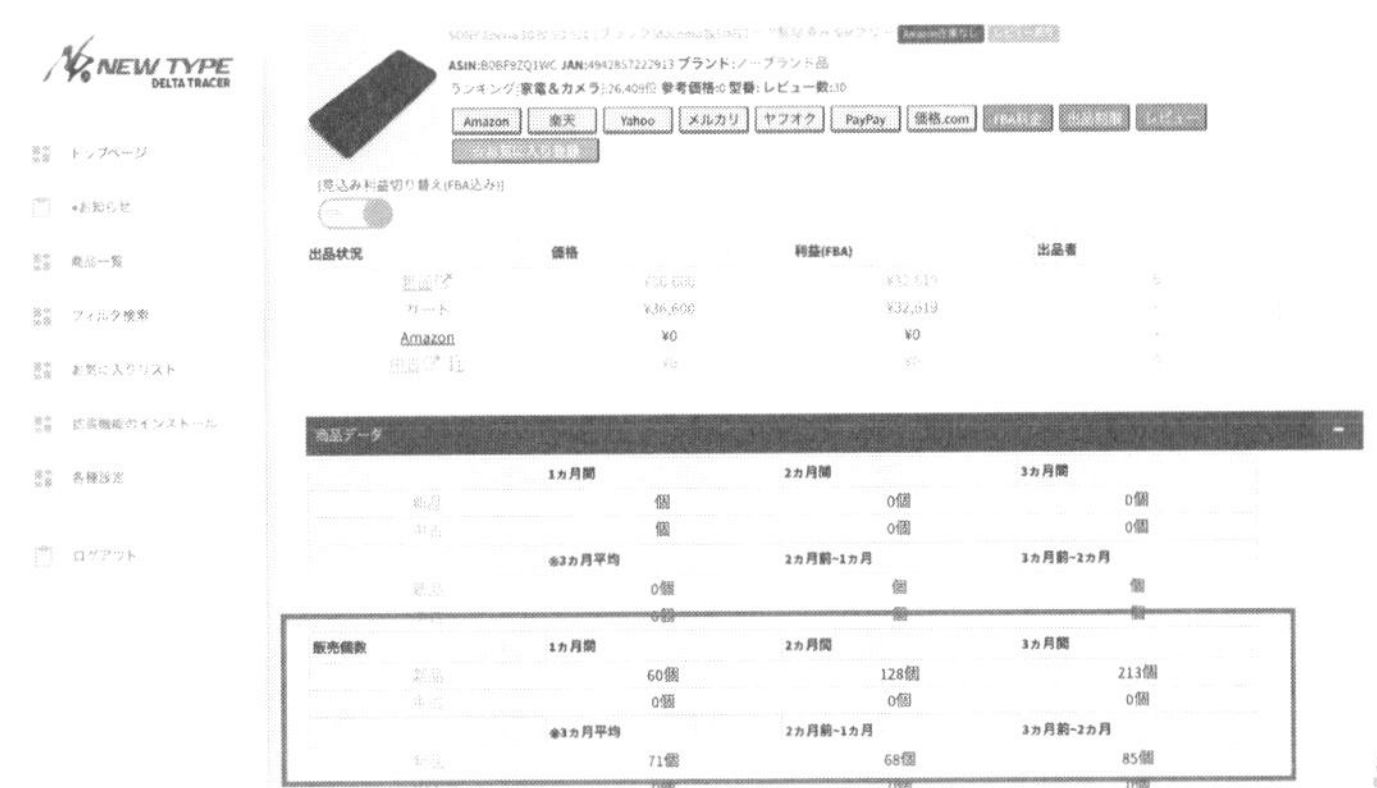

デルタトレーサーの波形を読もう

ここからは、デルタトレーサー内のデータの見方について解説していきます。

前記のように商品が出てきたら、その画面を下にスクロールしてみてください。

すると、「1ヵ月に何回売れたか?」「何円で売れたか?」といった詳細情報が出てきます。

このデルタトレーサーのデータのなかで、もっとも重要なのは「波形」です。

この波形は、「1ヵ月に商品が何回売れたのか」がわかるものです。

Amazonでは、商品が売れると、その瞬間にランキングが上がるアルゴリズムを採用しています（実際にはもっと複雑なしくみになっています）。

そのため、次の図のように「**グラフが下にふれる＝ランキングが上昇した＝商品が売れた**」と、簡単に読み取ることができます。

これが波形を読む、ということです。

試しに、先ほどの例で、この商品が3ヵ月でどれくらい売れたかを見てみましょう。図の太枠で囲んだところがわかりやすく大きくランキングが動いたところです。

ランキングの動きを見ると、この3ヵ月でかなり売れていることがわかります。

最初はこのような商品を仕入れて、販売していけるといいですね。

仕入れと販売の成功体験をスムーズにこなせば、よりダイナミックに稼ぐことができますよ。

図　3ヵ月の波形グラフ

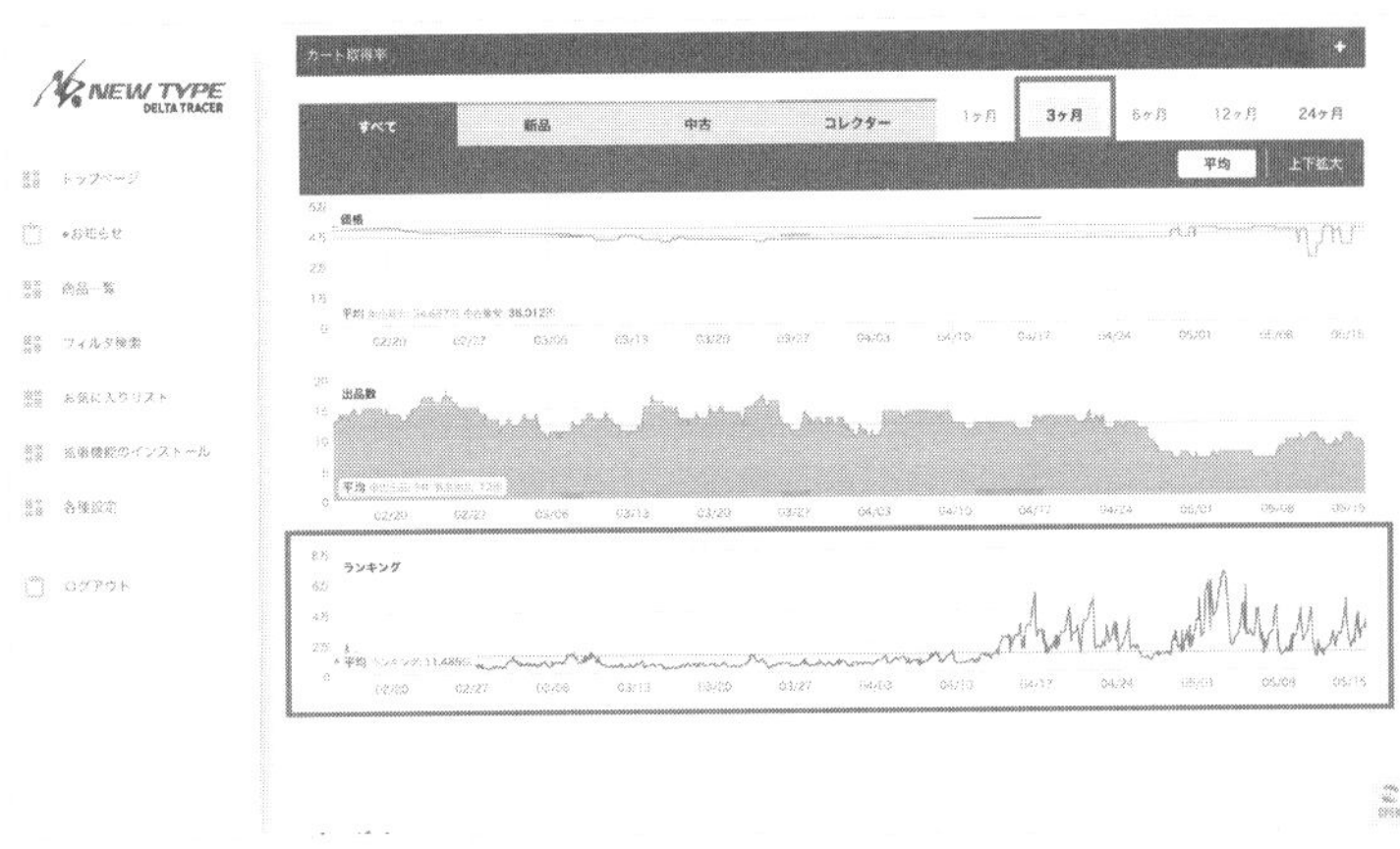

売値を確認しよう

「この商品が売れる！」

ということがわかったところで、次はこの商品が

「何円で売れるのか？」

という点を判別していきます。

先ほどのデルタトレーサーの商品ページを下にスクロールすると、たくさんの数字が並んでいる箇所が見えてきます。

まず、左ページの図の一番上の太枠を見てみましょう。

２０２３年の５月４日から５日にかけて、ランキングが４万３２６５位から２万１０７７位に上がっています。

さらに右を見てみると、新品の出品者数が７人から６人に減っています。

図　デルタトレーサー　商品ページ

トップページ
●お知らせ
商品一覧
フィルタ検索
お気に入りリスト
拡張機能のインストール
各種設定
ログアウト

ON

取得日時	ランキング	新品最安値	新品出品数	中古最安値	中古出品数
2023/05/15 15:00	26409	36,600	8	0	0
2023/05/14 22:58	↑**24912**	36,500	9	0	0
2023/05/13 22:00	↑**33038**	30,000	10	0	0
2023/05/12 23:30	14284	35,432	9	0	0
2023/05/11 23:46	12835	30,000	9	0	0
2023/05/10 22:54	↑**18397**	25,000	10	0	0
2023/05/09 22:52	31843	30,000	10	0	0
2023/05/08 22:54	↑**11073**	36,000	9	0	0
2023/05/07 22:54	24331	36,000	7	0	0
2023/05/06 22:54	13110	36,800	6	0	0
2023/05/05 21:12	21077	36,800	6	0	0
2023/05/04 21:50	43265	36,000	7	0	0
2023/05/03 20:20	↑**16868**	36,000	7	0	0
2023/05/02 23:00	54984	36,000	7	0	0
2023/05/01 21:40	58114	36,800	6	0	0
2023/04/30 23:00	32155	33,000	7	0	0
2023/04/29 23:00	20342	33,160	7	0	0
2023/04/28 23:00	18868	35,800	6	0	0
2023/04/27 17:20	10513	33,000	7	0	0
2023/04/26 22:14	6280	33,000	9	0	0
2023/04/25 17:40	17071	33,000	12	0	0
2023/04/24 23:14	28829	33,000	12	0	0
2023/04/23 22:56	31006	33,000	12	0	0
2023/04/22 22:14	↑**15014**	33,160	13	0	0
2023/04/21 23:22	47179	33,160	12	0	0
2023/04/20 20:28	↑**11392**	33,000	12	0	0
2023/04/19 23:38	37009	33,000	13	0	0
2023/04/18 23:50	↑**16236**	33,000	13	0	0
2023/04/17 21:56	17190	33,000	13	0	0

そして最安値の値段が3万6000円台と変わっていないので
「3万6000円以上でこの商品が1台以上売れた」
と推測することができますね。

次に、さらにその下の太枠を見てみましょう。

4月25日から26日にかけてランキングが上がり、出品者を見ると12人から9人に減っています。最安値の値段が3万3000円と変わっていないので
「3万3000円以上でこの商品が売れた」
と推測することができます。

つまりこの「エクスペリア10SO-52Cブラック」の最適値は3万3000～3万6000円と推測することができますよね。

このようにデルタトレーサーをしっかり活用すれば、どの商品が、どの値段で、ど

の頻度で売れているかが一目瞭然です。

このように商品は「いくらで」「月に何個」「何円で」売れているのかを見極めたうえで、商材を仕入れて、販売していきましょう。

そうすると、まるで「後出しジャンケン」をするかのように、収益を上げることが可能なのです。

ＡｍａｚｏｎＥＣを始めたばかりの頃は、まずはこの「デルタトレーサー」を使いこなすことから始めていきましょう。

ステップ3 資金繰りと在庫をチェックしながら売上を伸ばそう

仕入れ商品を増やしていく

一通り流れをつかんだら、ここからはさらに売上を大きくしていきます。

月の売上目標から仕入れ目標金額を割り出し、それを日割りして、どんどん商材を仕入れてAmazonに送っていきましょう。

ステップ1のところでも例に挙げましたが、月100万円の売上を上げようと思うと、50～60万円を仕入れに使う必要があります。

仮に60万円仕入れを行うとすれば、1週間に15万円分、週3日出勤のパートさんであれば、1日5万円分の商品の仕入れがノルマになります。

商材としては、仕入れ額の大きいプリンターやプロジェクター、第1章で例に挙げたスマホもおすすめですが、仕入れ単価の低い化粧品関係などでも大丈夫です。

ただAmazonの特性上、ガジェット系アイテム（スマホやタブレット、イヤホン、マウス、キーボード、モバイルバッテリーなど便利な電子機器小物）が、比較的売れやすい傾向にあるので、まずはそこからリサーチをしていくといいですね。

ご参考までに、2023年1月現在の、主要な家電製品の平均仕入れ値を記載しておきます。

スマホ…………1万円／台
美容家電………1万円／台
キッチン家電……2万円／台
カメラ…………3万円／台
プリンター………3万円／台
プロジェクター…5万円／台

スマホやカメラは小型、プリンターやプロジェクターは大型の商材です。繰り返しになりますが、**最初は小型の商材から取り扱っていくのが、送料を抑える意味でもおすすめです。**

ただ大型の商材は、仕入れ値が大きくなることに比例して、売値と利益も大きくすることができます。ＥＣ事業の場合、低単価のものを1個売るのも、高単価のものを1個売るのも手間は同じですから、ゆくゆくは取り入れていけるといいですね。

なお、プリンターやプロジェクターの場合、中古品は壊れやすい傾向があるので、トラブルを避けるためにも新品だけを扱うように注意してください。

このステップ3の段階までくれば、リサーチにかける時間はどんどん減っていきます。Ａｍａｚｏｎでよく売れる、いわゆるテッパン商品をリピート販売できている段階になっているはずですから、あとは同じことを繰り返しながら、仕入れ個数を増やして売上を最大化していきましょう。

テッパン商品を見つけよう

リピート販売しながら収益を上げていく流れをつくるために、テッパン商品は欠かせません。

たとえば、現在であればスマホの「エクスペリアＳＯＶ39」はずっと売れ続けていて、とくに白と黒のカラーが継続して人気があります。

こういった商品は、引き続き仕入れ、販売し続けていくといいでしょう。

メーカーや卸業者の開拓をしよう

独自の仕入れ先を、複数開拓する

ステップ3にも付随するのですが、メーカーや卸業者の開拓方法についても解説しておきましょう。

より大きく、より安定的に、そしてより独占的に売上を伸ばしていくには、「独自の仕入れ先」が必要です。

いま家電メーカーや卸業者は、これまで商品を卸してきた取引先を大きく変えつつあります。**大手家電量販店に独占的に卸していた商品を、わたしたちのようなインターネット店舗を持つ事業者に卸すようになってきているのです。**

その理由は、コロナ禍による、ネット購入者の増加。

Ａｍａｚｏｎが日本に上陸してきた２０００年代から、このネット通販（ＥＣサイト）に移行する流れはありましたが、コロナウイルスの流行によって、より加速しました。

ところが、まだ世の中の事業者のほとんどが、このことに気づいていません。

ですから、いまは企業がＡｍａｚｏｎ ＥＣを導入する絶好の機会です。

ぜひ、いまのうちに参入し、先行者利益を獲得しておきましょう。

2つのパターンで、仕入れ先をうまく取り入れよう

仕入れ先の開拓の仕方は多々ありますが、大きく分けると２つです。

「地元業者を営業開拓」と**「経営者コミュニティで開拓」**。

それぞれの方法ごとに、一長一短がありますが、まずは社長自身で仕入れ先を開拓してください。

ある程度、仕入れアイテムや個数を取りまとめた段階で、担当者に引き継いでいけるとスムーズにいくでしょう。

ただし、これはあくまでも一例です。ご自身の会社の状況に合わせて実践していってくださいね。

地元業者を開拓するには？

地元業者さんを調べる際は、まず「地元名」＋「卸業者」のキーワードで、ネット検索しましょう。検索結果に出た会社のホームページを、１件ずつ確認していきます。

ホームページにある問い合わせフォーム

から連絡をすると、１００件中2~3件は連絡が返ってきます。そこに向けて、営業をかけていきましょう（１０１ページの見本を参照）。

個人より会社で行うほうが信頼を得やすいことも多いので、仕入れ先の開拓は、会社でEC事業を行うときのメリットになるかもしれませんね。

経営者コミュニティで開拓する方法

参考までに、わたしの仕入れ先開拓の一例をご紹介します。

わたしの場合「ＢＮＩ」という経営者の会に所属して専門の商社さんを紹介いただきました。

ちなみに、ＢＮＩ（Business Network International、ビーエヌアイ）は、世界最大規模のビジネス・リファーラルを目的とした組織です。

1専門分野1名が基本のチャプター（グループ）が世界各地に存在していて、チャプター内でお互いにビジネスの紹介（リファーラル）を出し合うことを目的としています。

あなたがお住まいの地域にも「ＢＮＩ」チャプターがあると思うので、仕入れ先開拓の一助にしてください。

そのほかにも、地元の「商工会議所」や「中小企業同友会」などに足を運んでみるのも有効ですね。

「経営者クラブ」に入り、いろいろな企業さんとつながりをつくることも、仕入れ先の開拓が広がるのでおすすめです。

業者宛の営業メール（例）

〇〇会社　ご担当者様

平素は大変お世話になっております。
株式会社〇〇の〇〇と申します。
今後ともどうぞよろしくお願いいたします。
御社で取り扱われている商品を弊社でＥＣ販売させていただけないかと思い、
メールをお送りいたしました。

弊社はＡｍａｚｏｎを利用したＥＣ販売を〇〇年にわたって続けており、
御社の商品の販売促進についていろいろとお力添えができるかと思います。

もしご興味がございましたら、ご連絡をいただけないでしょうか？
ご挨拶も兼ねて、一度お会いできましたら幸いです。

突然のご連絡、大変失礼いたしました。

――――――――
株式会社〇〇
担当：〇〇
電話番号:000-0000-0000
メールアドレス：
HP：
――――――――

スタッフ増員のタイミングを見極めよう

月々、とくに決算月の在庫管理に気を配ろう

最後に、経理や在庫管理、受注増によるスタッフ増員などについても触れておきましょう。

まず、経理と在庫管理についてお話ししていきます。

基本的にＡｍａｚｏｎの管理画面では、毎日の売上と入金額、滞留在庫数や商品ごとのアクセス数などが、すべてリアルタイムで確認できます。

ですから、経理処理としては、図①〜③のように、月々の数字をＣＳＶファイルで

図①　Amazon 管理画面

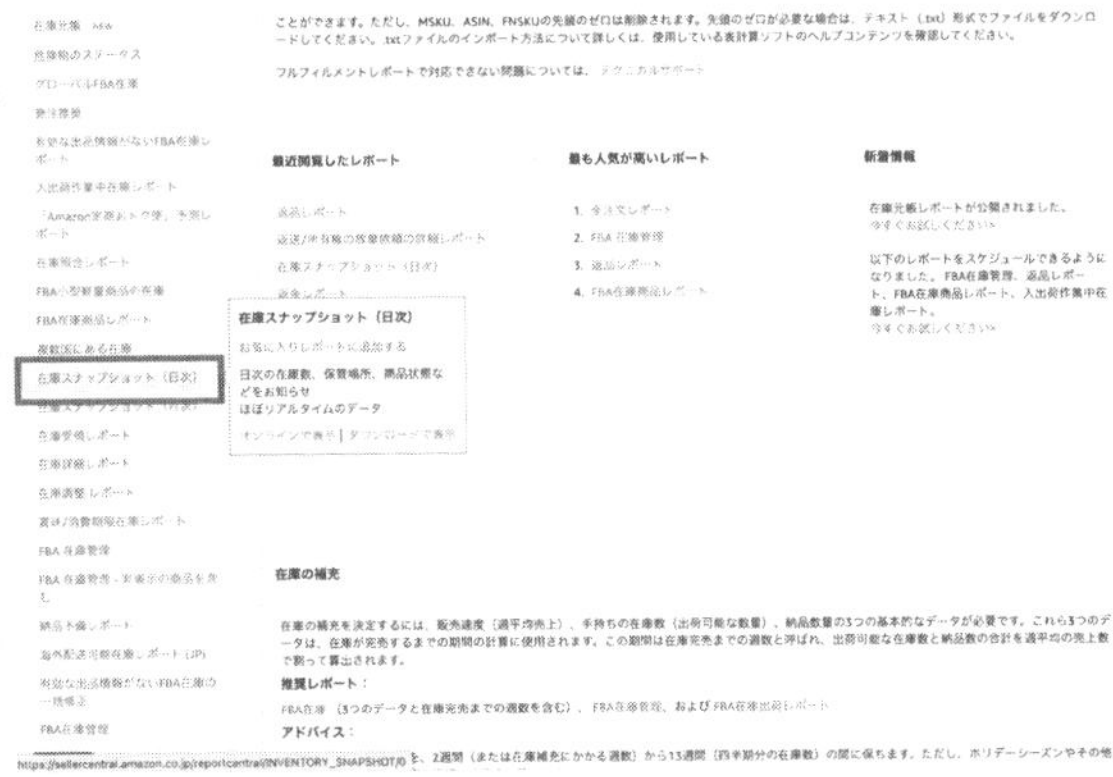

図②　Amazon 管理画面

ダウンロードし、銀行口座の入金額と照らし合わせる程度でかまいません。

ただ、決算月に在庫が溜まりすぎると、その在庫はすべて資産計上されてしまうので、このあたりは税理士とも相談しながら、**決算月までに極力在庫をゼロにしておく必要があるでしょう。**

在庫をゼロにしていくためのポイントをチェック

在庫数は、決算の3ヵ月前ぐらいからゼロになるように気にしていきましょう。

とくに、売れているものだけ卸して、動きがよくないものは3ヵ月前からは仕入れをやめ、価格を調整しながら在庫を減らしていってください。

図③　CSVファイル

棚卸し在庫

FNSKU	出品者SKU	商品名	数量	FC	商品の状態
X0012RN6TH	IO-DEV2-YOWV	AMOS 麻雀牌 マーテル カラー[牌の背]:イエロー	14	TYO7	販売可
X00120OV61	BD-HDY4-SEDQ	Kanji Pict-o-Graphix: Over 1,000 Japanese Kanji and Kana Mnemonics	1	KIX6	販売可
X00120OUB	KA-6CT3-97LY	家族ゲーム Blu-ray BOX	1	KIX6	販売可
X0012L9HHN	90-GW16-U5UE	ナーフ フォートナイト Fortnite RL ロケットランチャー型レプリカ ブラスター ナーフ公式ロケットダーツ2個	12	NRT2	販売可
X0011APZFD	XV-QZ3Q-R4RM	brother A4モノクロレーザープリンター (40PPM/両面印刷/有線LAN) HL-L5100DN	1	TPFC	販売可
B08V8YRJHT	7B-Q7HR-LX4D	ジェントス LEDデスクライト ルミサス R105 【明るさ 1000ルーメン】 ホワイト DK-R105WH	10	TPX2	販売可
B086DJ3CPB	ZM-OXE0-5IEF	キングジム 集音器 イヤホン型 AM10 クロ	14	NGO2	販売可

また、決算に合わせて季節商品を扱うのもおすすめです。

（例）・7月決算の場合、扇風機やかき氷機
　　　・12月が決算の場合、餅つき機
　　　（3～5万円のものでも売れる）

餅つき機に関しては、卸業者から11月25日に仕入れ、11月30日にAmazonへ納品したところ、12月3日までにすべて売り切れました。季節の商品は、思う以上にニーズがあるものなのです。

そのほかにも、リサーチをしていると、思いのほか売れている、需要のある商品に気づくことがあるでしょう。

図①　Amazon 決算情報画面

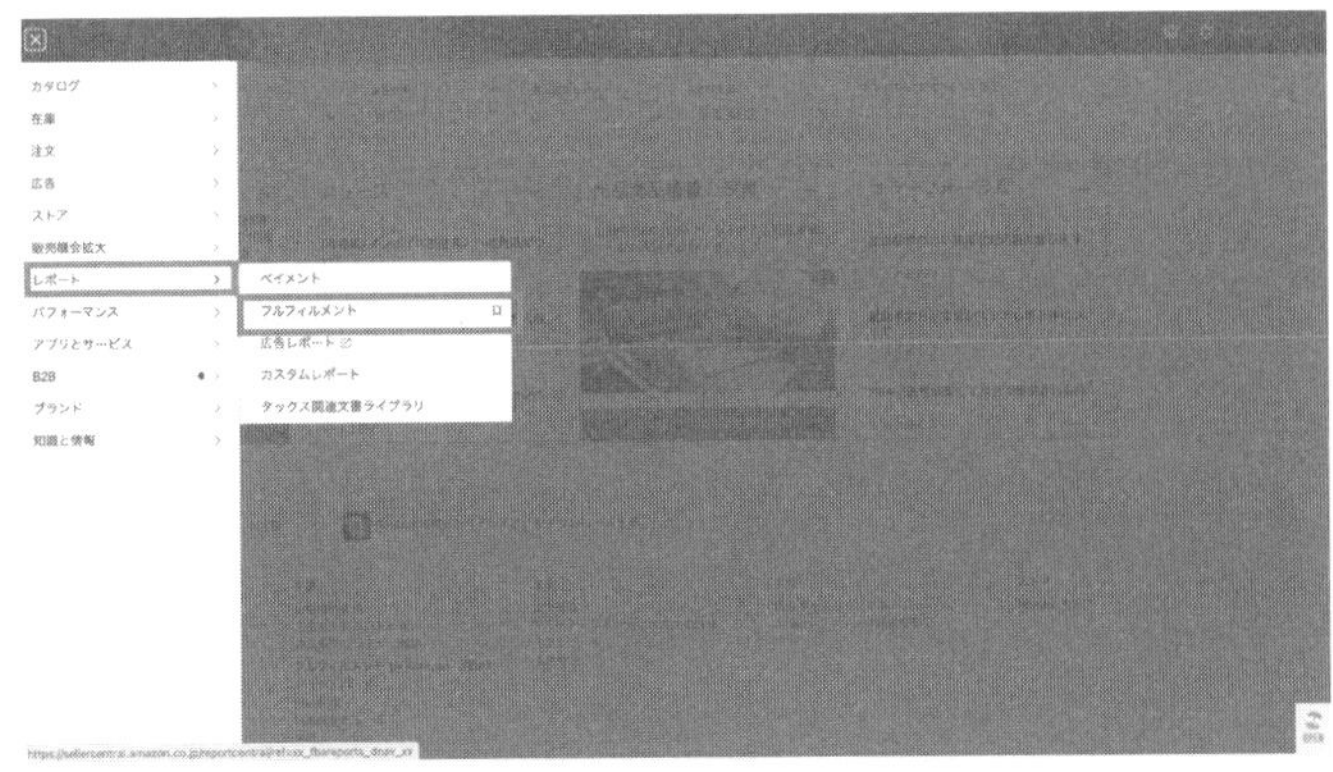

図② Amazon 決算情報画面

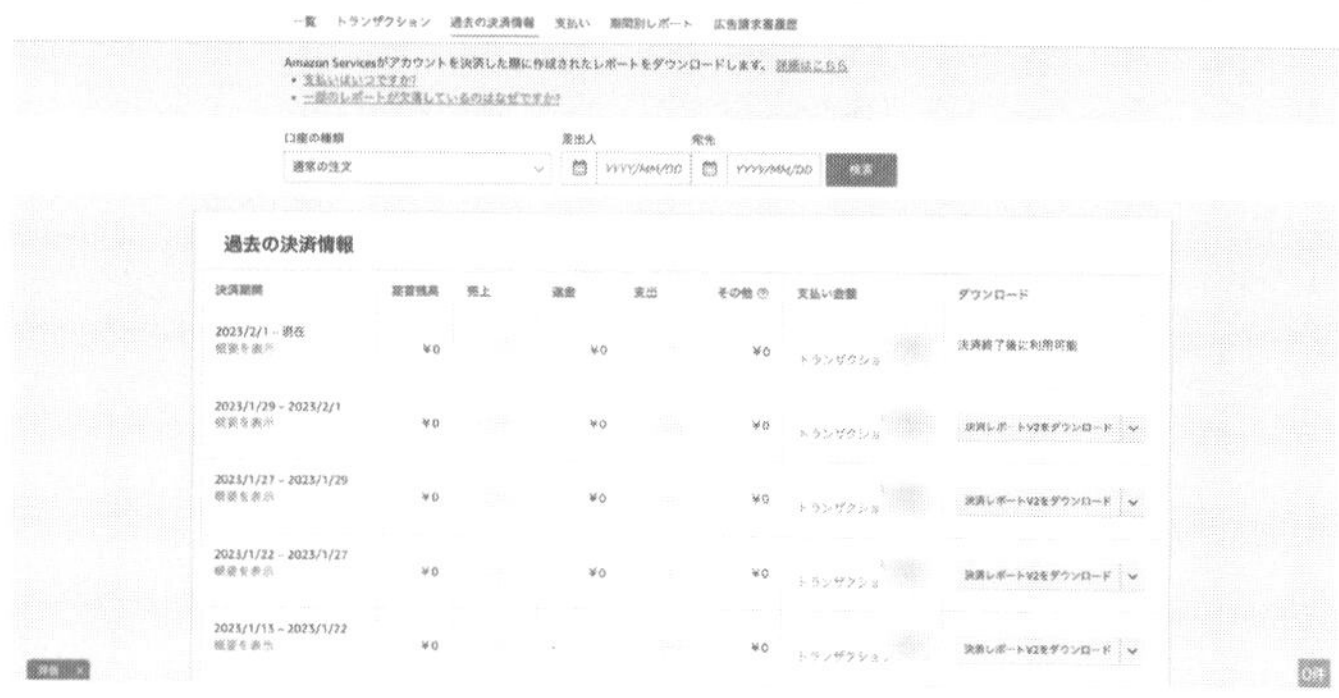

図③ Amazon 決算情報画面

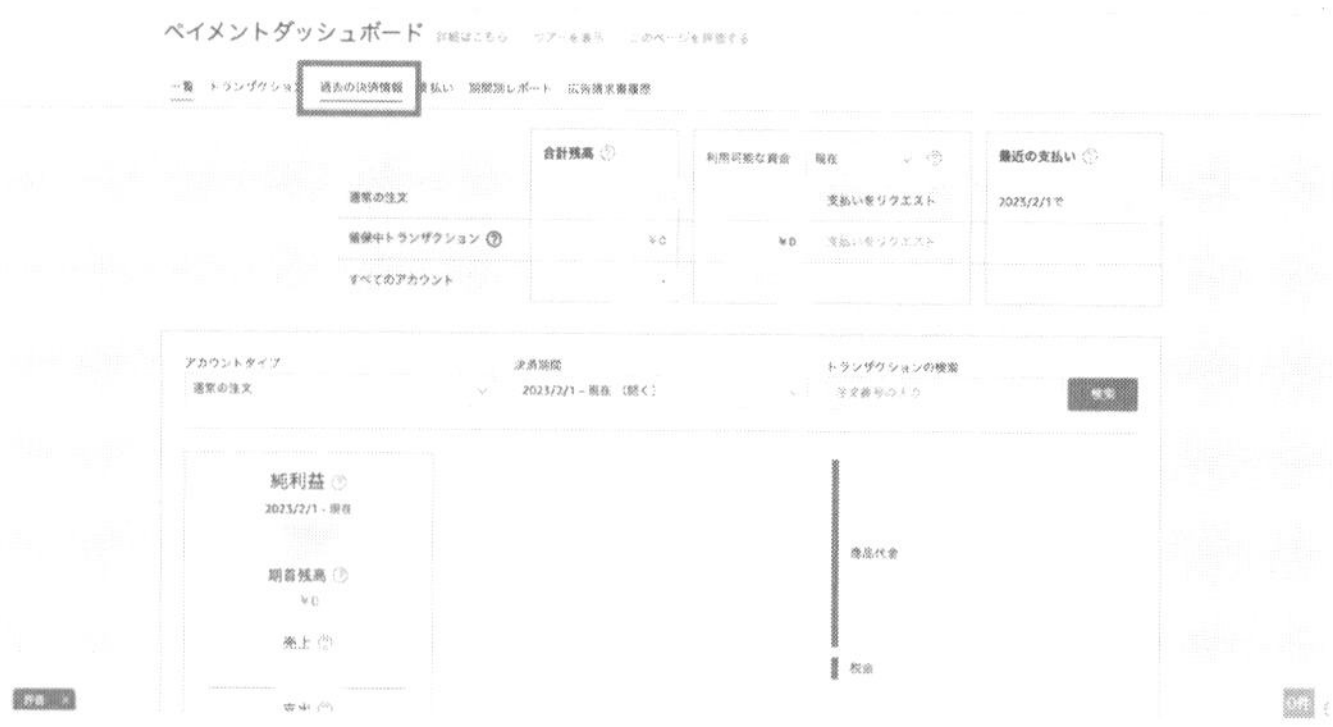

たとえば、ラジカセ、MDプレイヤー、VHSレコーダーなどの懐かしい家電も、店頭ではもう買えないため、意外と人気がありますよ。

受注増による、スタッフ増員は必要？

基本的に商品の発送処理や入金確認、クレーム対応などはすべてAmazonのテクニカルサポートが対応してくれます。

ですから受注が増えたからといって、こちらの作業が増えるわけではありません。

ただし、**新たな仕入れ先の開拓や、中古商材取り扱い増にともなう検品要員が必要にはなってくるでしょう。**

図④　Amazon 注文管理画面

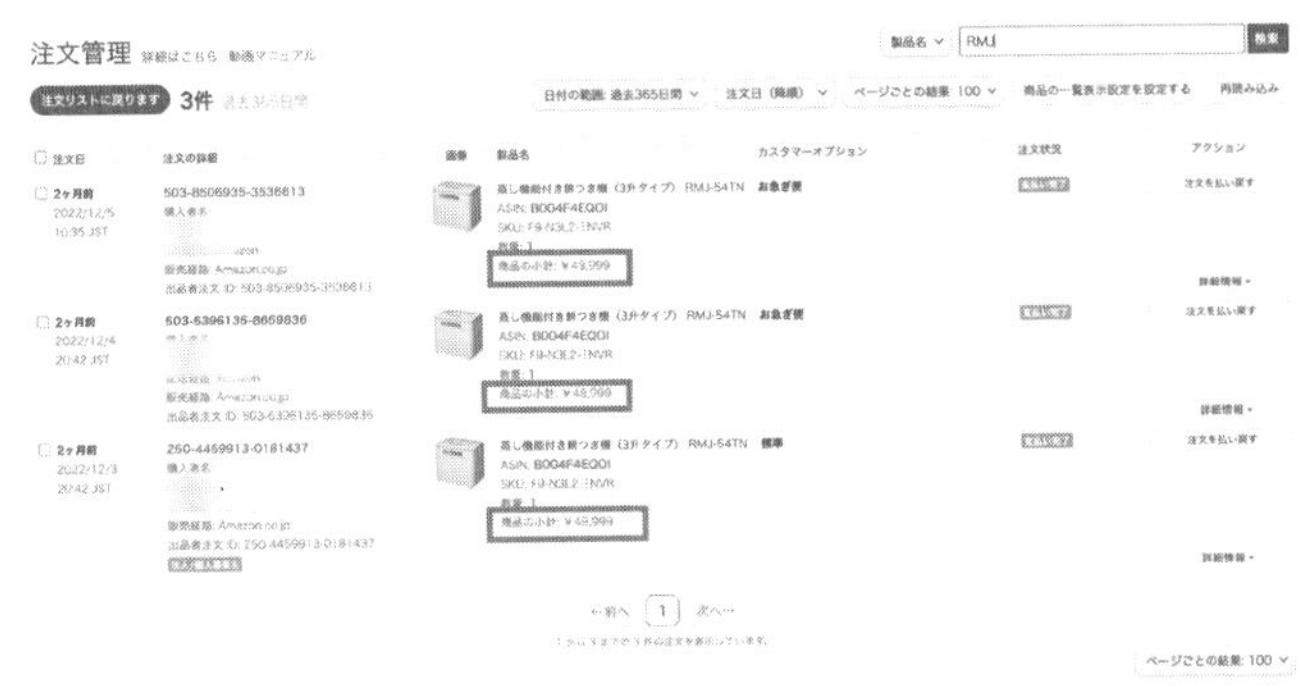

業務ごとに、新たな増員が必要な面は、ＥＣ事業であっても同じです。

たとえば中古スマホの取り扱いを増やしていく場合、月に１００個までならパートさんひとりでリサーチ、検品、販売が可能です。

でも、それ以上の個数となると、人員を増やす必要が出てくるでしょう。

とくに中古スマホの場合は1個1個に対して動作確認やネットワーク利用制限の確認が必要なので手間がかかります。

また、新たなメーカーや卸業者など取引先が増えていく場合も、人員を増やしたほうが賢明です。

取引先の状況にもよりますが、パートさんひとりに対して5～10社を担当してもらい、それ以上仕入れ先が増える場合は、人員を増やして対応していけるといいですね。

第3章

詳しく知りたい！企業せどりのQ&A

犬塚社長のV字回復への道　Part 3

社長、いよいよ決断のとき

……ということで、早くて来月からうちの会社でもAmazonECを始めたいと思っているんだ
社長、うちの事業とまったく違うことをやろうとしているじゃないですか
役員定例会
利益どころかむしろマイナスになることだってあるんじゃないですか？
本当に大丈夫なんですか？

みなさんの気持ちはよくわかる
現時点では、かならず成功させるとは言いきれないが、ECを始めて売上を伸ばした会社もあるし、やってみないと現状は変わらない
だから、少ないリスクから始めてみようと思う
確かに、売上が回復しない状況で、打開策も見つかっていないし、やってみてもいいかもしれませんね
ありがとう。いかんせん、すべてマスターできているわけではないから、慎重に進めてみるつもりだ
別の日、オフィスにて
やぁ、犬田さんご苦労さま
あ、社長！

先週も話したように、来月から本格的にAmazon ECを始める予定です。最初は2人で準備していきましょう
え!? 社長自ら、わたしと一緒にやられるなんて……
軌道に乗るまでは、犬田さんと一緒にやっていこうと思ってて……
人員も割けないし…
そうなんですね。どうぞよろしくお願いいたします
簡単にマニュアルをつくったんだけど、ちょっと読んでみてくれるかな?
マニュアル
はい、承知しました!!

社長、いくつか質問してもいいですか？
はい、どうぞ
商品はどうやって探しましょう？
なかなか売れないときはどうします？
出品NGの商品もあるんですか？
わたしはどこまで担当すればいいですか？
……こりゃ困ったなぁ……

Q 絶対に扱わないほうがいい商品はある？

Amazonで出品できないものは、避けるのが◎

第3章では、よく寄せられる質問を、Q&A方式で回答していきます。

本書をここまで読んでいただき、

「なんとなくイメージはわかってきたけどやっぱり不安……」

という疑問点や懸念点を、本章で解消していきましょう。


とくに、はじめてAmazon ECに取り組むにあたって、つまずいたり、疑問に思いやすいことを厳選しています。

刃物や爆発物、血圧計は、Ａｍａｚｏｎ倉庫からの出品ができない

ひとつめ、**Ａｍａｚｏｎで出品できないものの仕入れは避けましょう。**

刃物や爆発物、血圧計はＦＢＡ出品（Ａｍａｚｏｎ倉庫を使っての発送）できないので、注意してください。

また、Ａｐｐｌｅ製品など、メーカーによってＡｍａｚｏｎに出品できないものもあるので、こちらも事前に確認しておくといいですね。

出品不可能な商品例では、たとえば血圧計は、Ａｍａｚｏｎでは、図①のような扱いになっています。

「あれ？　出品されている…？」

と思った人もいるかもしれませんね。

では、次に個別の商品ページを見ていきましょう。

たとえば図②の血圧計は、出品している事業者が2社いますね。

Ａｍａｚｏｎの倉庫や配送サービスを使う「ＦＢＡ出品者」はＡｍａｚｏｎ．ｃｏｍだけになっているはずです。

もう1社は、Ａｍａｚｏｎの配送サービスを使えない自己発送という出品形態を取っています（通常、出品する際はかならずＦＢＡ出品を選択してください。プライムマークがつくことで信用力が増しますし、翌日配送のお急ぎ便や代引き決済を購入者が使えることで自己発送よりも高く早く売れていきます）。

血圧計には、おそらくＦＢＡ出品不可の措置が取られているかと思います。

図①　血圧計

図② 血圧計

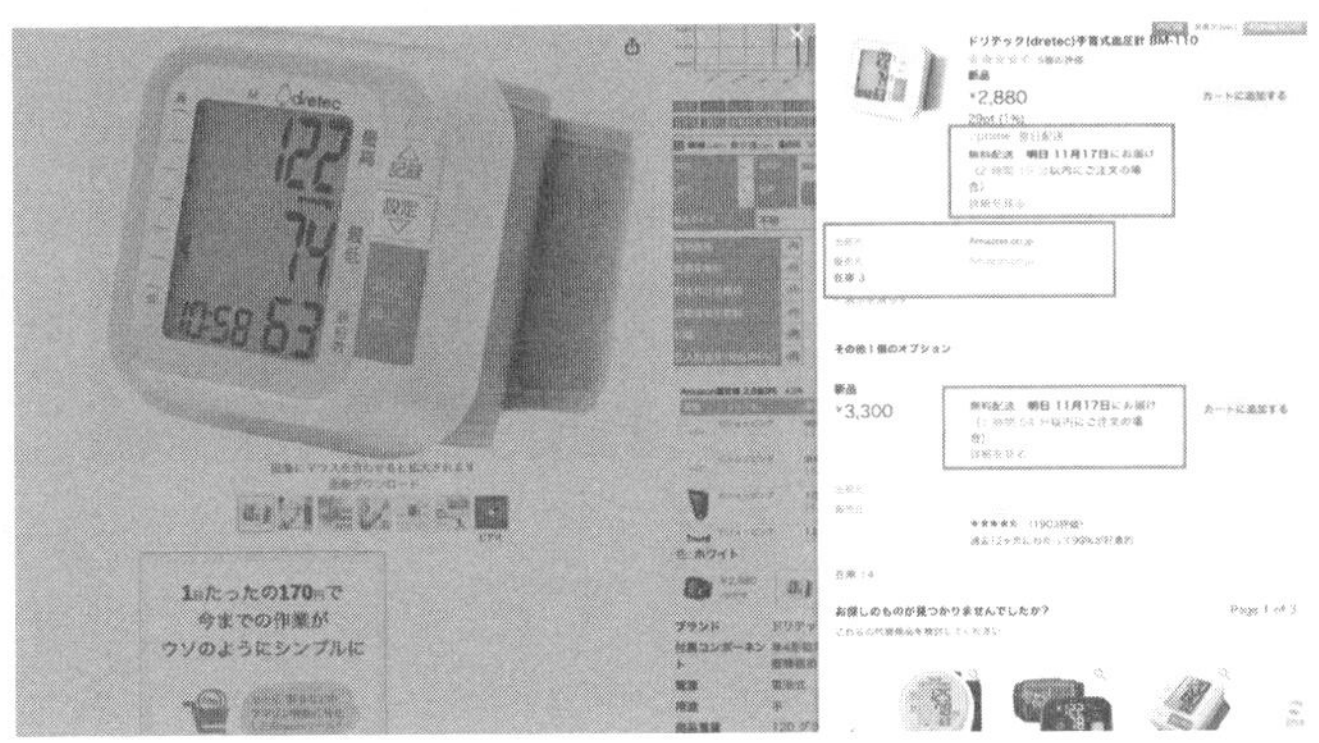
dretec
122
74
63
10:58
設定
1日たったの170円で
今までの作業が
ウソのようにシンプルに
ドリテック(dretec)手首式血圧計 BM-110
新品
¥2,880
カートに追加する
無料配送 明日 11月17日にお届け
その他1個のオプション
新品
¥3,300
無料配送 明日 11月17日にお届け
カートに追加する
お探しのものが見つかりませんでしたか？
Page 1 of 3

図③ 血圧計

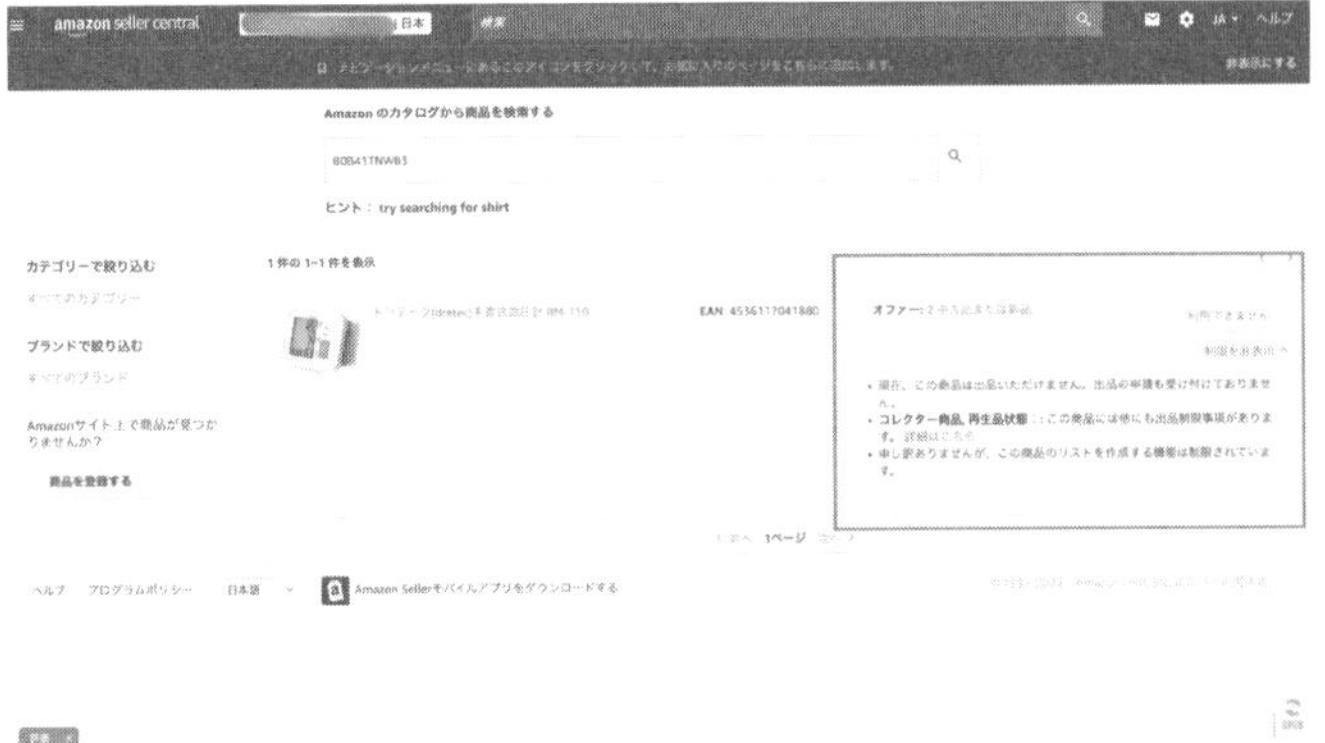
amazon seller central
日本
検索
JA
ヘルプ
Amazon のカタログから商品を検索する
ヒント： try searching for shirt
カテゴリーで絞り込む
1件の 1-1 件を表示
ブランドで絞り込む
Amazonサイト上で商品が見つかりませんか？
商品を登録する
EAN 4536117041880
オファー：
現在、この商品は出品いただけません。出品の申請も受け付けておりません。
コレクター商品, 再生品状態：この商品には他にも出品制限事項があります。
申し訳ありませんが、この商品のリストを作成する権限は制限されています。
1ページ
ヘルプ
プログラムポリシー
日本語
Amazon Sellerモバイルアプリをダウンロードする

ちなみに通常の出品者は、血圧計の出品そのものが不可となっていて、出品登録しようとしても図③のような出品不可の画面になってしまうことも多いでしょう。

せっかく商品を仕入れても、Ａｍａｚｏｎで販売できないのではまったく意味がないですよね。

ですから、商品を仕入れる際は、まずＡｍａｚｏｎでの販売が可能かどうか、かならず確認して仕入れるようにしましょう。

参考までに、２０２３年1月現在、日本郵便での出品が制限されている商材をご紹介しますので、あわせて確認しておいてくださいね。

出品制限がある商品

以下に関連する商品の出品を検討されている場合はご注意ください。

万国郵便条約に基づき、日本郵便での郵送禁止品目は以下の通りです。

- ●申告価額がUS $1000/kg以上の品目
- ●金、白金その他貴金属およびその製品、宝石品
- ●お金（紙幣、硬貨）
- ●有価証券、旅行者用小切手、銀行カード、クレジットカード
- ●ダイヤモンド、ルビーなどの宝石品
- ●信書
- ●生動物
- ●変質／腐敗しやすいもの
- ●危険品
- ●火薬類
- ●ガス
- ●引火性液体（ライター・ペイントを含む）
- ●可燃性固体（マッチを含む）
- ●麻薬
- ●リチウム電池
- ●活性炭の入った商品（浄水器を含む）

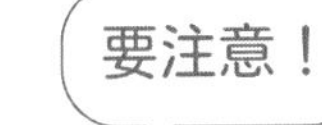

Q 商品はどうやって探していけばいい？

Ａｍａｚｏｎの並べ替え機能を活用して売れ筋商品を見つける

実際、Ａｍａｚｏｎで売れる商品をどうやって探していけばいいのでしょうか？

これは、**Ａｍａｚｏｎトップページにある並べ替え機能を使うことで、利益商品を見つけていくことができます。**

たとえばカメラ。いまやひとり1台スマホを持つ時代ですから、「写真なんてスマホで十分」と思われるかもしれませんが、さまざまなシチュエーションで使えるカメラには、いまでも一定のニーズがあります。

例として、図①のＧｏＰｒｏというカメラは、アクティブスポーツの動画撮影を目的とした、頑丈で防水の小型軽量なデジタルカメラ。

ウィンタースポーツや夏のアクティビティで利用される、人気のデジタルカメラです。

このカメラを、画面の右上の並べ替え機能を使って、試しに「価格の高い順」に並べ替えてみましょう（図②）。

すると、図③のようにＧｏＰｒｏが値段の高い順に並べ替えて表示されます。

図①　カメラ

図② カメラ

図③ カメラ

一番高いもので14万円です！

いや〜高い‼

商品としては取り扱いますが、わたしなら、14万円もする手のひらサイズのデジカメには絶対に手を出せません（笑）。

ただ、

「このＧｏＰｒｏが欲しい！」

という人が、日本全国には一定数います。そういうニーズを拾えることも、Ａｍａｚｏｎの魅力でしょう。

あとは、このなかから**売れているＧｏＰｒｏを精査して、仕入れ先を実際に開拓していきましょう**。

ちなみに、ほかの商材やジャンルも、この流れと同じです。

たとえば、掃除機ならダイソン、水筒ならタイガー魔法瓶がテッパンですので、検索で確かめてみてくださいね。

・まずはＡｍａｚｏｎ上で、商品ジャンルを絞って検索する
・次に、値段の高い順番に並べ替える
・最後に、商品がどこに行けば安く仕入れられるのか……？

…という流れで商品リサーチをすると、スムーズに仕入れられるようになるはずです。

3ステップで
商品を仕入れましょう！

Q　なかなか売れないとき、どれくらいの時期で見切りをつければいい？

目安は「3ヵ月」がおすすめ

3ヵ月以上滞留している在庫は、損切りして現金化していきましょう。

3ヵ月を目安にしているのは、倉庫代がかかることと、大きく展開している場合には、資金繰りに影響が出るという点からです。

基本的にデータ通りに仕入れを行えば、3ヵ月以上滞留することはありません。

ただ、商売ですから、価格競争や急な新商品発売など、予測できないことも多々あります。

利益を得ることは大切ですが、それ以上に、利益確定（損切り）して現金を確保していくことが重要なのです。

これは企業経営においても同じなのですが、会社は赤字では潰れません。資金が滞ってしまったとき、会社（事業部）は潰れてしまいます。

実際、東京商工リサーチによると、２０２０年の倒産件数は７７７３件あったそうですが、赤字倒産の割合が53・２％だったのに対し、黒字倒産は46・８％でした。じつに半分の企業が、**利益がしっかり出ているにもかかわらず、倒産の憂き目にあっています**。

これはＡｍａｚｏｎ ＥＣにおいても同じです。
利益を出すことはもちろん大切なのですが、それ以上に「資金がしっかり回っているか？」ということを最優先してください。

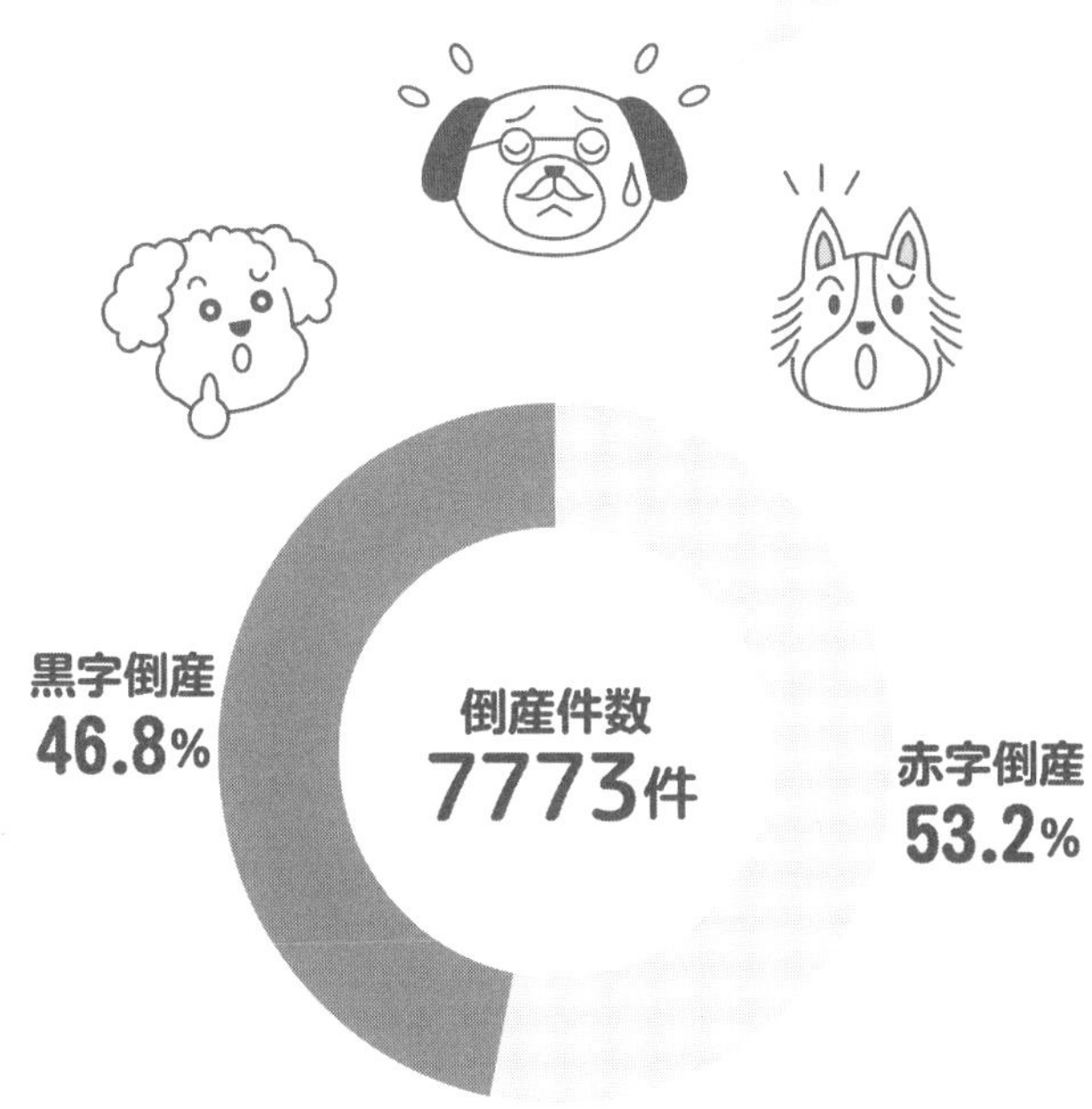

東京商工リサーチ　2020年調べ

Q 売れ筋の商品があったら、どんどん追加で仕入れていいの？

デッドラインを引いて仕入れよう

もちろんです！　売れ筋の商品はどんどん仕入れましょう。

ただデッドライン（最終的な一線）はかならず引いておきましょう。

たとえば、

「売値1万円・利益3000円・仕入れ値5000円・月に100個売れる」

という商材が新たに見つかったとします。


データを見れば、月に100個売れているため、

「利益３０００円×１００個で、30万円儲かる！」

「よし！　50万円かけて、１００個仕入れよう！」

というパターンが考えられるとしましょう。


ところが、そう簡単にことが運ぶほど、商売は甘くはありません。

あなたがそう思ったということは、当然、ほかの誰かもそう感じていることでしょう。

そもそもＥＣ業界は、日本全国、すべての事業者（少なく見積もっても数十万社）がライバルになります。

仮にあなたのような考えを持った会社が10社、同じ商品を見つけたとなれば、当然値下げ競争になりますし、想定した利益は得られない可能性もあります。

仕入れ値の50万円が回収できなくても、痛くもかゆくもない場合はそのまま損切りしてもいいのですが、できれば無駄な損失は避けたいものです。


ですからデータは見つつ、でも想定した利益が取れないことも想定しつつ、デッドライン（最終的な損益ライン）を引いて、仕入れを行えるといいですね。

Q 値づけのポイントは？ ひとつの商品につき、利益率はどれくらいを考えておけばいい？

利益は「利益率20％」か「利益額2000円」を目安にしよう

利益率が低すぎると価格競争に陥ったときに赤字になってしまいますし、利益率が高くても、利益額が100円と小さければ収益を上げるまでに時間がかかりすぎてしまいます。

「利益率20％」、もしくは「利益額2000円」をひとつの基準にしておくといいですね。

原価率が50％、Amazon手数料20％。そして、そこから人件費などの諸経費を差し引く必要があるため、利益率は20％程度が妥当です。同業者を見ても、平均値はこのあたりになっています。

また、利益率が10％の商品の場合は、売れにくくなったときに、すぐに赤字になってしまうので注意してください。

利益額の場合、３００円程度の商品では、いくら売れても利益は上がりません。かといって、利益額１万円を目指すと、一気にハードルが高くなります。

ですから、最初に目指しやすい金額が、業界的に「２０００円」とされているのです。

また値づけについてですが、基本的に最安値に合わせておくと早く売れていきます。

さらに売れやすくするには、Ａｍａｚｏｎポイントなどをつけておくといいのですが、ポイントも販売手数料と同様に差し引かれるので、それを見越したうえで赤字にならないように値段をつけていきましょう。

Q 商品の詳細情報には、何を載せたらいい？

商品の詳細は画像の添付や文章まで丁寧に行うことで、差別化につながる

中古の商材に関しては、写真を撮ってアップしておくと、より高値でかつ速く売れていきます。

写真の掲載の仕方ですが、まずは次ページの図①のようにＡｍａｚｏｎの管理画面から商品登録をクリックしましょう。

商品の詳細を入力する画面を下にスクロールすると、出品者ＳＫＵのメイン画像ＵＲＬ、出品者ＳＫＵ画像、という項目があります（図②）。

ここに商品の画像をアップしていきます。

図①　写真掲載

図②　写真掲載

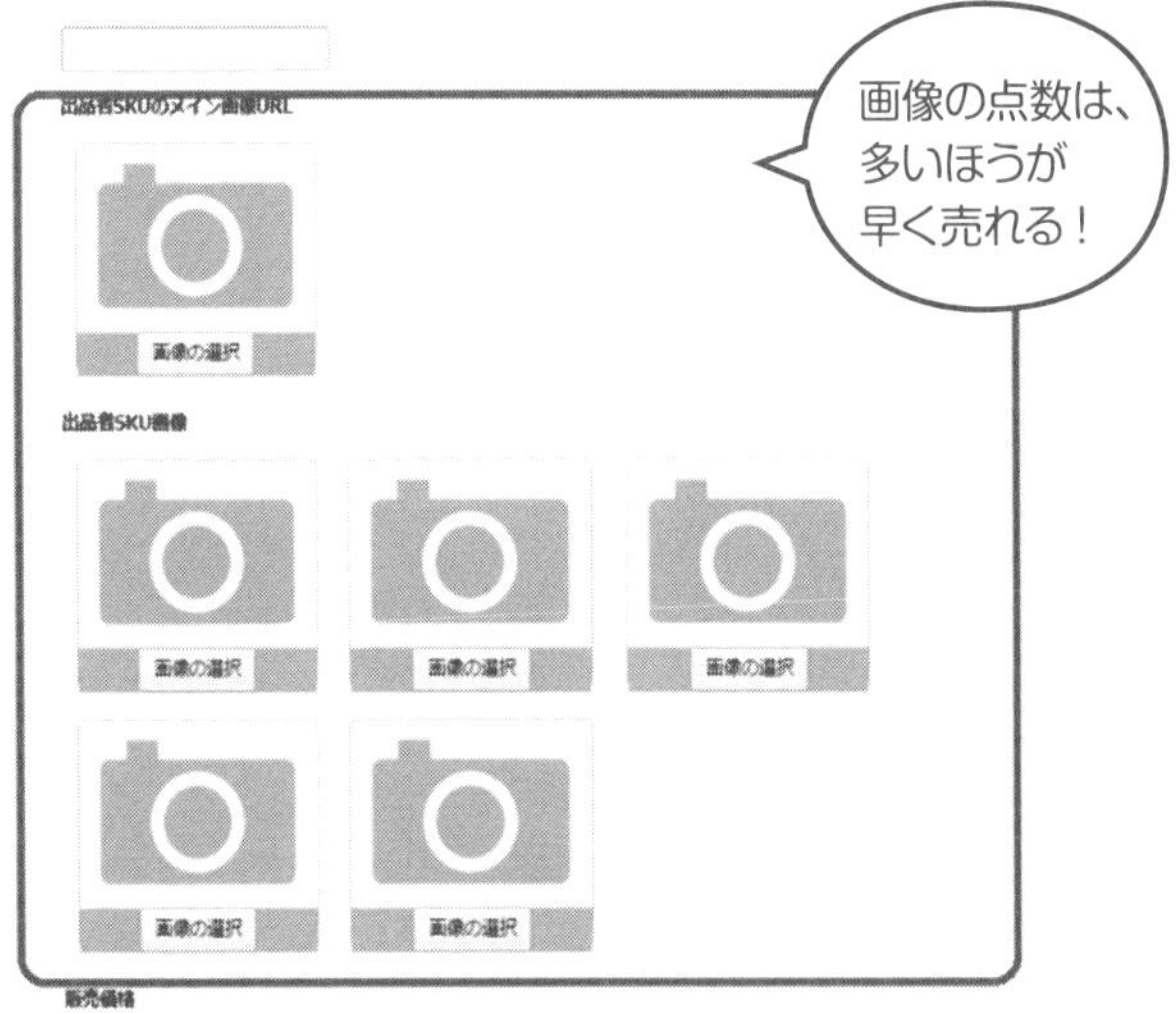

最大6枚までアップすることができますね。

このように多くの商品画像を載せることで、ライバルとの差別化を図れるのです。

でも、この写真を載せるという方法は、多くの人はやりたがりません。それは、「写真を撮って出品するなんて、面倒くさい」と思うからです。

とくに中古の場合は、普通に商品を出品するだけでも検品に手間がかかります。そのため、商品画像を載せる出品者はあまり多くありません。

でも、それはつまり、「写真を載せる」というほかの出品者が面倒で行わない手間をかけることで、逆に競合出品者（ライバル）と差別化することができると考えることもできます。

ほかの出品者が「面倒くさいからいい」と言って、行っていない分だけ、画像つき商品が目立ちますよね。

とくに評価の少ない初心者は、出品時に画像を載せることで、評価の多いショップに負けない信頼を得られるでしょう。

自分がもし買う側だったとしても、写真があったほうが、より信頼度が増しますよね。写真を載せることによって、競合出品者より、自分の商品を目立たせていきましょう。

詳細情報や写真を載せるポイントはココ‼

別の商品でも、写真をアップしてみましょう。

今回は、アニメのＢｌｕ－ｒａｙセット商品です（次ページの図①～④）。

まず、商品説明の文章は、図②のように、ディスクの状態や特典の有無をしっかり記入します（詳細は図③参照）。

写真は１枚目で全体の写真、２枚目、３枚目の写真でしっかり特典があることを記載します。

図①　Blu-ray　写真１枚目

図②　Blu-ray　写真２枚目

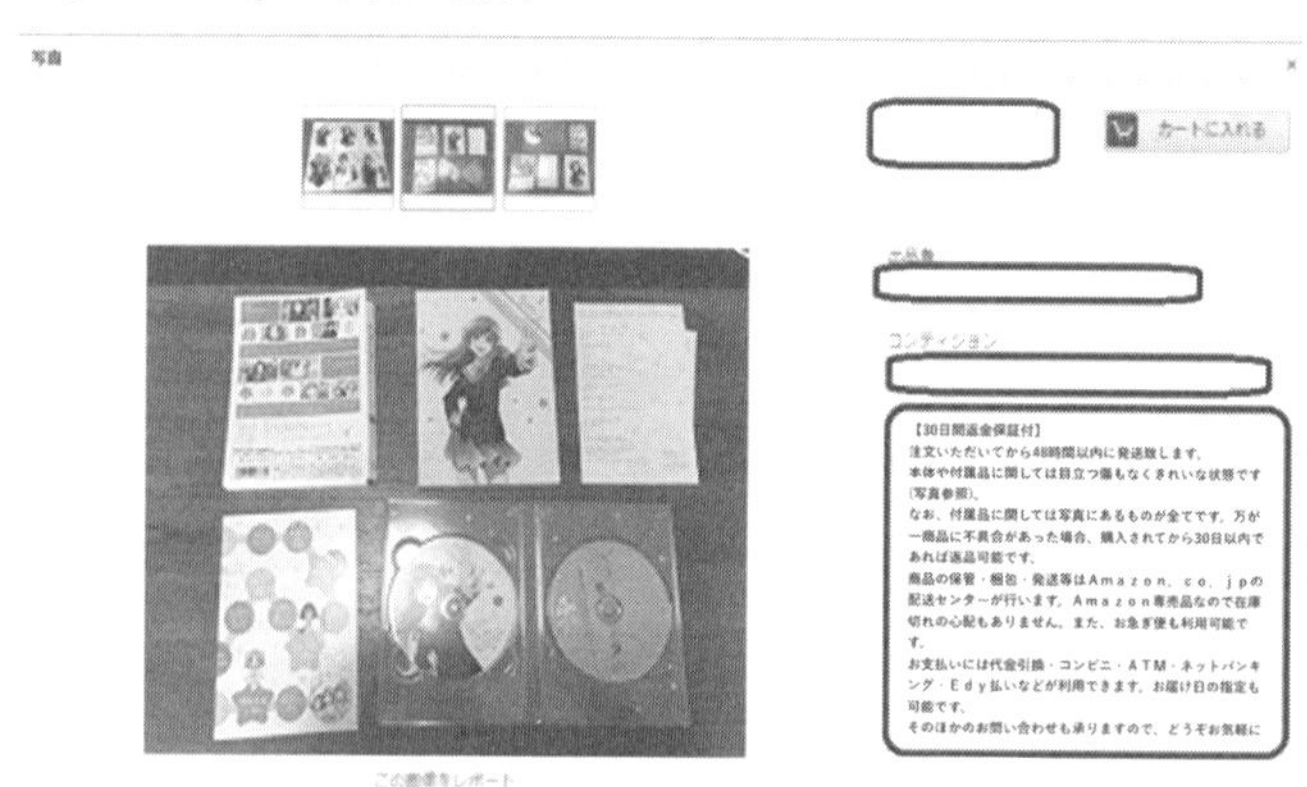

図③　Blu-ray　コメント欄

【30日間返金保証付】

　注文いただいてから48時間以内に発送致します。

　本体や付属品に関しては目立つ傷もなくきれいな状態です（写真参照）。

　なお、付属品に関しては写真にあるものが全てです。万が一商品に不具合があった場合、購入されてから30日以内であれば返品可能です。

　商品の保管・梱包・発送等はＡｍａｚｏｎ．ｃｏ．ｊｐの配送センターが行います。Ａｍａｚｏｎ専売品なので在庫切れの心配もありません。また、お急ぎ便も利用可能です。

　お支払いには、代金引換・コンビニ・ＡＴＭ・ネットバンキング・Ｅｄｙ払いなどが利用できます。

　お届け日の指定も可能です。

　そのほかのお問い合わせも承りますので、どうぞお気軽にご連絡下さい。

図④　Blu-ray　写真３枚目

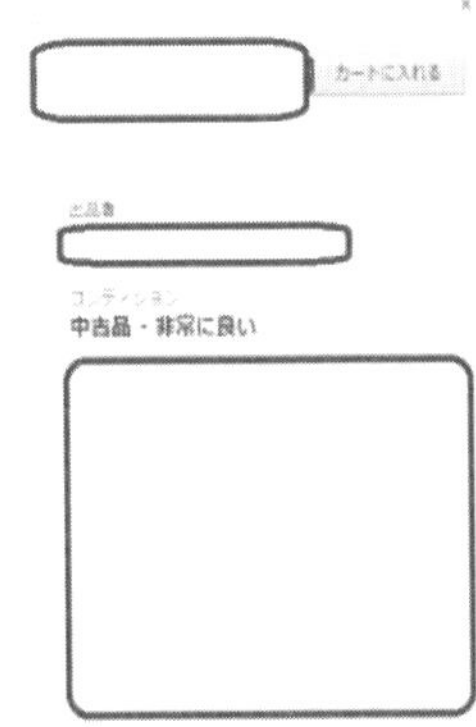

アニメ系の商品は、特典の有無で値段が大きく変わります。

しっかりと写真を掲載して、ライバルよりも高値でも買っていただけるようにしましょう。

もうひとつ、カメラの写真アップ方法についての解説です（図①〜③）。

こちらも枠で囲んだように説明文の所で付属品の有無をしっかり記入し、電源が入ることも明記してください。

（例）

動作確認も済んでおります（写真参照）。
本体、バッテリー、充電器の出品です。

カメラの場合、1枚目の写真で全体の写真を、2枚目、3枚目で傷の具合と実際に電源が入っている画像を載せましょう。

図①　カメラ

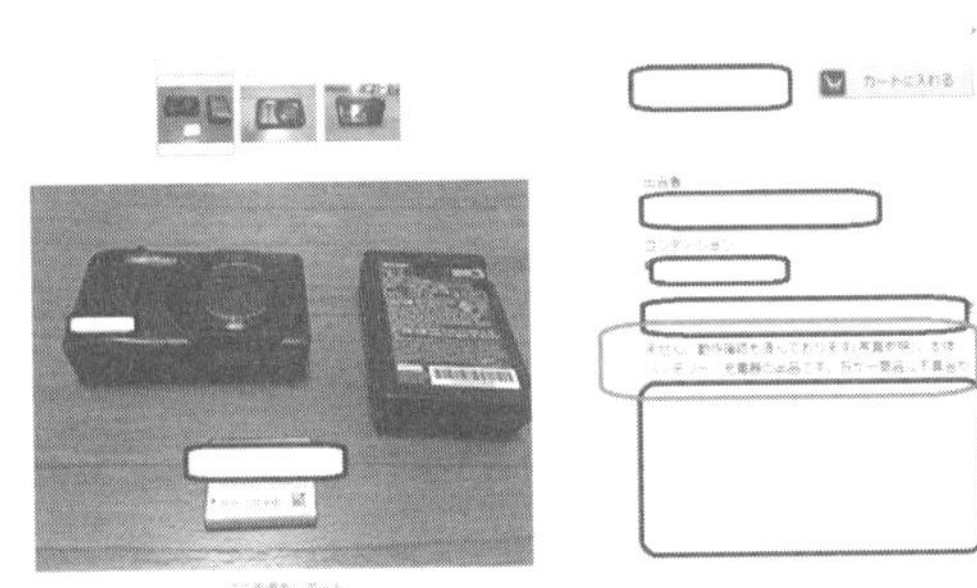

図②　カメラ

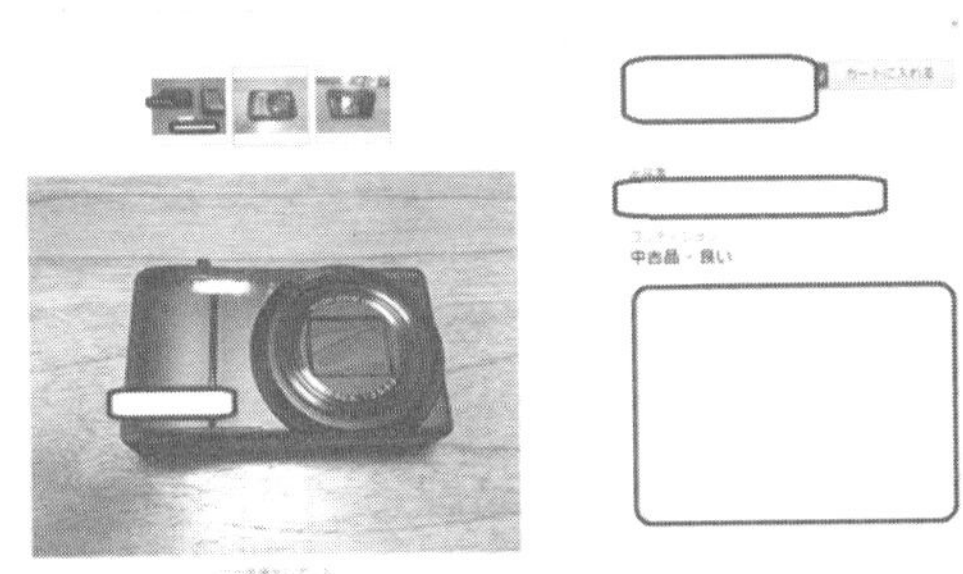

図③　カメラ

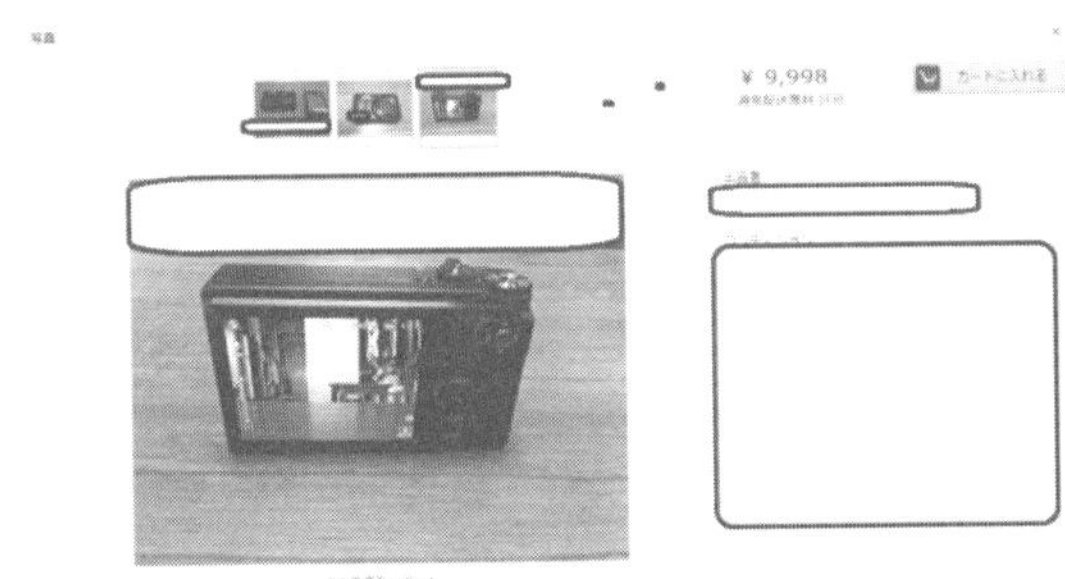

カメラなどの家電では、この「電源が入るかどうか」が確認ができる写真はとても重要です。

とくに中古家電を買うとき、お客様は「本当にこの中古商品は大丈夫かな?」という不安にかられます。

ですから、きちんと電源が入る写真を載せるだけで、ライバルよりも高値で売れていくのです。

Ｑ リピート率が上がる方法は？

商品ごとに手紙やチラシを同封しよう

初心者が、リピート率を上げるには、商品ごとに手紙を添付する、あるいはチラシを同封するのがおすすめです。

商品の発送まで丁寧な対応を心がけることで、お客さまをファン化することができます。

ただし、地域によってかならずしも想定した効果が得られるとも限らないので、こちらもテストをしながらダメならスパッとあきらめることも大切です。

ファンを増やすには、
丁寧な対応が一番！

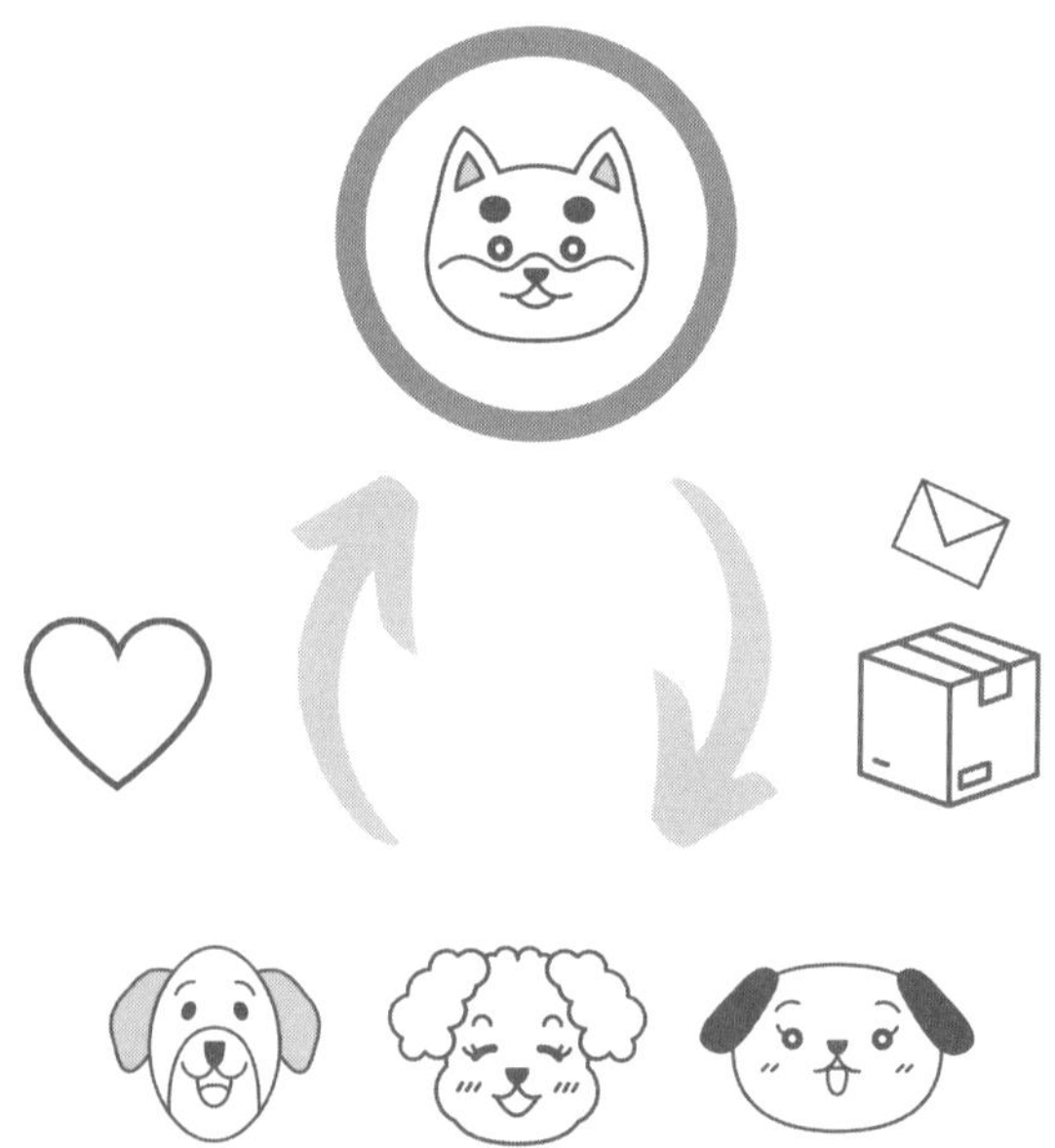

Q 売れやすい商品群と、扱う商品の種類によって、それぞれ心がけたほうがいいことはある？

事前のリサーチをしっかり行って、戦略を立ててから仕入れる

どんな商品を扱うときも、ライバルの動向は、チェックしておいたほうがいいですね。

たとえば……、

・高単価（売値30万円のカメラ）
・売れ行きがゆっくり（1ヵ月に1回）
・ライバルもひとりしかいない

……そんな商材であれば、価格改定なども2週間に1回程度で大丈夫です。

ただ、逆に、

・低単価（売値３０００円）
・売れ行きが速い（月に２００個）
・ライバルが30人いる

……このような商材であれば、こまめに価格改定をして、ライバルよりも先に売り抜く必要があります。

自社の資金の余裕とライバルの動向、目指すべき毎月の売上によって戦略や心がけることは変わりますから、事前の商品とライバルのリサーチをしっかり行って、しっかりと戦略を立てておきましょう。

Q 取り扱う商品は特化するのと、バラバラでは、どちらがいい？

最初は何かひとつに特化するのがおすすめ

「取り扱う商品は、たとえば『家電』など、同じような商品群に特化したほうがいい？」

「それとも、家電・書籍・教材・建材・食材など、バラバラのものを扱ったほうがいい？」

このような質問を、よく耳にします。

わたしがおすすめしているのは、できれば最初は商品を特化しておく方法です。

とくにいまの時代は、「何でも揃っているお店」よりも「特化した専門店」が好まれる傾向にあります。

たとえば家電の場合、あれこれ手広く商品があることよりも、「ホームベーカリーならどんなものでも揃えています」というように、**より細分化して特化していくと、購入者のリピート増やファン化にもつながりやすくなる**のです。

ぜひ、自分の興味のあるもの、知識のあるものからひとつ特化して、ＥＣ販売するようにしてみてくださいね。

特化した専門店

何でもあるお店

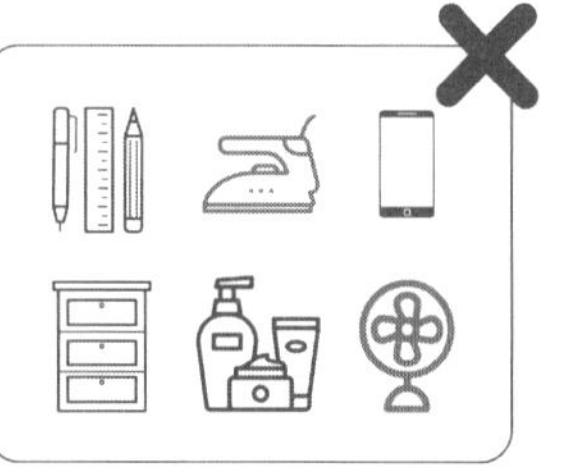

専門店のほうが
ファンがつきやすい！

第4章

企業せどりを導入した企業を参考にしよう！

犬塚社長のV字回復への道　Part 4

もっといろんな商品を売ってみたい!

2ヵ月後

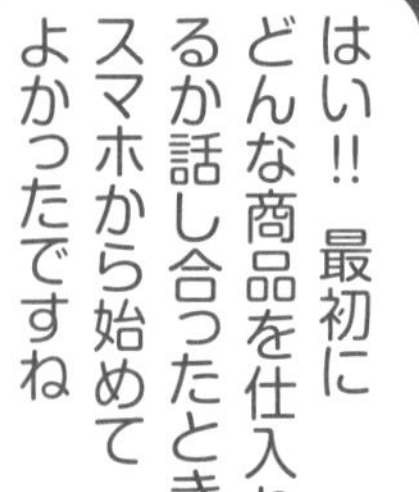

メルカリ、
売れないなぁ…
趣味でメルカリをやっているんですが、出品した商品がなかなか売れない難しさも知っているので
犬田さん、メルカリをやってるんだ
はい。まさか仕事で得た知識を趣味に活かせるとは思っていませんでした
メルカリでは、使わなくなったマッサージ器具や美容グッズを売っていて……
うちでいま出品しているのは、小型家電だけだからな……
家電以外も出品してみたいですね!!
はい！
やる気はみなぎっています！

Amazon ECが順調そうで何よりだよ
お前のアドバイスのおかげだよ。一緒にやってるパートさんも、もっと売上伸ばしたいって積極的に取り組んでくれて
それはよかった!!
それで、ほかの商品も出品してみようとなり、またお前に相談したいんだけど
いい流れじゃん!!
じつはほかにも20社くらいでAmazon ECの
そうなのか!?
競合が増えすぎると大変そうだから、いま始めるのがベストなのかもしれない

気になるだろ？
ほかの企業がどんな商品を出品して、どんなふうに売上を上げているのか
教えてください！
おうよ

新規事業で企業せどりを取り入れよう

実際の成功例から学ぶ、企業せどり！

この章では「Ａｍａｚｏｎ ＥＣを導入した企業一覧と、成功事例のケーススタディ」についてご紹介します。

ＥＣとはまったく無関係の会社がＡｍａｚｏｎ ＥＣを取り入れ、パートさんだけで５００万円を売り上げた具体的なステップも解説しますので、ぜひ参考にしてみてくださいね。

司法書士事務所や飲食店、整骨院、訪問介護、工務店、塗装会社など、本当に異業種ばかりに新規事業としてＡｍａｚｏｎ ＥＣを導入いただいています。

毎月３０００社が倒産している現代の日本では、どんな企業でも、第2第３の収入の柱を持っていなければ存続が難しくなってきているのです。

前章でもお話ししましたが、**Ａｍａｚｏｎ ＥＣは、新規事業のなかでもリスクが少なく、かつ早く黒字化する**ものです。

これからご紹介する成功例を読みながら、ぜひできるところから取り入れていってください。

パートさんだけで500万円!? 村上塗装工業株式会社の実例

まったくの新規事業でも、成功体験の積み重ねでうまくいく

ここで、Ａｍａｚｏｎ ＥＣをいち早く取り入れ、パートさんだけで５００万円を売り上げた企業のケーススタディをご紹介します。

「はじめに」の冒頭でご紹介した、大阪に本社を置く村上塗装工業株式会社さんです。

こちらは本業の塗装業とは別にＥＣ事業部を立ち上げ、専属のスタッフを採用し、まったくのゼロから、わずか４ヵ月で、パートさんだけで５００万円の売上を立てることに成功しました。

本章では、その具体的なステップをご紹介します。

パートさんだけで500万円売るまでのステップ1　事前準備

第2章の内容とステップの流れは重複しますが、もう一度丁寧にみていきましょう。
最初は、月の売上目標の設定と、それにともなう仕入れ予算の確保。
また、実際に事業を回していく人材の選定や、古物商免許取得などがあります。

月に100万円の売上を上げようと思えば、50〜60万円を商品仕入れに使う必要があります。**月に10万円の売上が目標なら、5〜6万円の仕入を行いましょう。**
Amazon ECでは、資金があればあるだけ売上が伸びるので、この資金の確保や売上の目標設定が重要になっていきます。

ちなみに、村上塗装工業株式会社さんの場合は、Amazon ECを回していく人材を、社長の知り合い経由で採用し、次に古物商免許を取得して、Amazon

ショップを開設。

最後に月の売上目標を300万円に設定して、Amazon ECをスタートしました。

村上社長は「仕入れに、1日最低10万円を使いなさい」とパートさんに伝えていました。

パートさんも、「最初は売れなかったらどうしよう……」と不安になっていましたが、「売れなくてもいいからとりあえず買ってみよう」という村上社長の指示の元、まずは恐る恐るスタートしたのです。

ステップ2　商材選定、販売方法のマスター、仕入れ先の開拓

事前準備ができた段階で、商材の選定を開始します。

第1章で紹介した通り、Amazon販売においてのおすすめは「3K」（高単価×小型×高回転）を満たした中古のスマホです。

ところが今回は、パートさんが「スマホはとっつきにくくてよくわからない」とい

うことで、別ジャンルの商材を選びました。

具体的には高単価で売れるキャンプ用品（ランタンやテント）やブランドのスーツケース、パソコン周辺機器です。

まずはテスト的に、それぞれのジャンルの商材を専門商社から数個仕入れて販売をスタート。

社長からの指示は「1日10万円分商品を買いなさい」とのことでしたが、いきなりはハードルが高かったため、まずは3万円程度の仕入れからスタートしました。

ただ、仕入れた商材はデルタトレーサーのデータ通りに、数日ですべて完売。

それを見たパートさんは、成功体験で自信がついたのか、次は10万円分の商品を発注。

それも完売すると、次は20万円分と、徐々に仕入れ量を増やしていきました。

このように、成功体験、「売れていく感覚」をつかむことが大切です。

この感覚さえつかめれば、あとは商品をＡｍａｚｏｎに送るだけで、勝手に売上が伸びていきます。

成功体験を積んで「売れていく感覚」をつかんでいこう！

実際に行うことは本当に単純で、安く買って高く売ること。本当にただこれだけです。

でも、成功体験にもとづく、メンタル的な自信、「**売れていく感覚**」がないと、このＡｍａｚｏｎ ＥＣはうまくいきません。

ちなみに、このパートさんの場合は、約２ヵ月で自信がついていきました。

そして、事前準備と準備体操が終わった段階で、いよいよ本格始動です。

ステップ３　資金繰りと在庫をチェックしながら売上を最大化

基礎固めができたうえで、いよいよ本格始動です。

先ほど例に挙げたキャンプ用品やパソコン周辺機器、スーツケース、約１００万円分の商品をＡｍａｚｏｎに納品しました。

また、このときは、１個15万円で売れるような業務用の食洗機も、数台Ａｍａｚｏｎに納品していました。

その結果は……、納品した商材は飛ぶように次々と売れ、4ヵ月目にはトータルの売上が500万円。営業利益として、140万円が残りました。

ちなみにこれはまったくのゼロベースから、EC業界の経験もないパートさんが始め、わずか4ヵ月での数字です。

このペースでいけば、ここからさらに売上は右肩上がりで伸びていくでしょう。

その後、村上塗装工業株式会社さんは独自の仕入れ先をどんどん開拓し、輸入業や輸出業もスタート。

Amazon EC事業部は、本業に迫る勢いで収益の柱となっていきました。

初年度年商2000万~1億円の世界へ

村上塗装工業株式会社さんが、ここまで短期間で売上を伸ばせたのは、やはり企業が持つ豊富な資金力を使えたことが大きいでしょう。

それこそ、月に100万円分の現金を使って商材を仕入れるというのは、個人の副業レベルでは不可能でしょう。

でも、ある程度の事業規模を持つ企業であれば、１００万円の仕入れ資金を用意するのはそこまで難しくありません。

また、商品原価と人件費以外に目立った経費のかからないＡｍａｚｏｎ ＥＣであれば、導入してすぐに黒字化することは目に見えて明らかです。

村上塗装工業株式会社さんは、ＥＣ事業部だけで、初年度の年商が２０００万円、次年度はＥＣだけで年商１億円に達する予想です。

日本に存在する約３８６万社の企業。そのうち年商が1億円に達しているのは20％もないそうです（総務省統計局によると19・１％）。

そんな日本の企業の上位20％に入る事業部を、パートさんだけでつくり上げることができる――。Ａｍａｚｏｎ ＥＣは、この可能性を秘めているのです。

もちろん一朝一夕にはいきませんし、事業を育てていくうえで課題も出てきます。
それでも、メリットデメリットを天秤にかけたとしたら、新規事業として導入する価値は十分にあるのではないでしょうか？

ぜひ、**スタッフと一緒に成功体験を重ねながら、ＥＣ事業を大きくしていきましょう。**

複数の事業部やスタッフ教育として導入した例

勤務中の空き時間を利用して、EC事業を導入!?

先ほどは短期間で売上を伸ばした村上塗装工業株式会社さんの実例でしたが、そのほかの企業で導入いただいた実例もご紹介します。

株式会社SECOND STAGEさんは、本業のFP事務所のほかに、滋賀県でリラクゼーションサロン、京都の祇園でBAR、そして「Yahoo!」でEC事業を展開している会社です。

各サロンや店舗の責任者の方々が、空き時間を活用したいということで、3事業部でＡｍａｚｏｎ ＥＣを導入されました。

ＢＡＲでは、カメラを仕入れて販売。「Ｙａｈｏｏ！」のＥＣ事業部は、イヤホンや調理家電を取り扱い。リラクゼーションサロンでは、アニメグッズ（ＤＶＤやＢｌｕ・ｒａｙセットなど）を販売しています。

扱っているものはすべて、それぞれの責任者が好きなものが中心なので、その分野の情報にも詳しく、うまく軌道に乗っていきました。

導入開始わずか数ヵ月ですが、それぞれの事業部で、すでに本業に迫る勢いで売上が伸びているようです。

若者の視点を取り入れながら、ＥＣ事業を始動する

また株式会社健幸プラスさんは、配食サービス、飲食サービス事業、訪問看護ステーション事業を行う京都市伏見区の企業です。

今回は、代表の大濱育恵社長が、「事業の学びとして、Ａｍａｚｏｎ ＥＣを取り入れたい」とご自身の娘さん（高校生）を責任者にしてスタートしました。

いまは、娘さん本人が好きで、導入しやすいアニメグッズを扱い、堅調に売上を伸ばしています。

学業と並行しつつも、順調に売上を伸ばし、損益計算書やキャッシュフローについても理解を深められています。

高校生の段階で損益計算書やキャッシュフローなど、経営についてのイロハを身につけておけば、これから社会に出ていくなかで、かならず活きてくることでしょう。

また、**ネット検索や時流の読み方については、若い世代のほうが自然と身についており、大人側が学ぶことも多々あります。**

ネット通販の利用は、若い年代のほうが多いこともあり、ターゲットと目線が近いのも利点になるでしょう。

ぜひ、いろいろな世代の目線を、上手に取り入れていきたいものですね。

好きなものを扱うのが
成功への近道♪

第5章

失敗から学ぼう！企業せどりの注意点とは？

犬塚社長のV字回復への道 Part 5

順調なときこそ、落とし穴に要注意!?

あ、犬田さん。売上も順調だから犬田さんが自由に決めていいよ！

あ、でも社長……

別の日、社内にて
ここ最近、Amazon ECの売上が横ばいなんだよな……

犬田さんも精力的に取り組んでくれているのに、停滞期みたいなものなのか？

最近は忙しくて、Amazon ECをチェックできていなくてごめんなさい
あ、いえ……

じつは久しぶりに帳簿を見たんだけど、売上が以前のように伸びていないのが気になって……

犬田さん、何か困っていることや悩んでいることはありますか？
社長が「どんどん予算をかけていい」とおっしゃってくれていて、その予算で商品を仕入れようと思うのですが…
最近は金額があまりにも大きすぎて、本当に仕入れていいのか不安で、あまり商品を仕入れられていなくて……

そうでしたか……
わたし一人で進めてよいとおっしゃってくれていますが、何か大きな判断が必要なときには、やはり社長に確認をとりたいです!!
いままで不安な想いをさせてしまい、申し訳ない
その日の夜――
……ってことがあって、反省したよ
そうかそうか
それは、よくありがちな失敗パターンだよ。お前もか
ハッ!?
……ほかにどんな失敗パターンがあるんだ？

企業せどりの5つの失敗例から学ぼう

企業せどりでも、うまくいかないケースはある

ここまで企業せどりのいいことばかり言ってきましたが、第5章では主に企業がAmazon ECを導入した際の失敗パターンを解説していきます。

「軌道に乗ってきたら、何を大切にし、どんなことを心がけていけばいいか」

「今後、企業のAmazon ECビジネスはどんなふうになっていくか（未来予測）」

についてもご紹介しますので、ぜひ最後までお読みくださいね。

失敗パターン①　コンサルタントに丸投げ

失敗パターンのひとつ目は、コンサルタントに丸投げするというパターンです。

「専門家なんだから、すべて任しておけば大丈夫だろう」と社長自身が事業にまったくタッチしない場合、Ａｍａｚｏｎ ＥＣはかなりの高確率で失敗します。

Ａｍａｚｏｎ ＥＣのしくみは至ってシンプル、リスクは少ない、というメリットだらけではあるのですが、商売であることに変わりはありませんし、丸投げでうまくいくほど、事業は甘くありません。

コンサルタントを活用するのは、「衆知を集める」という観点から見ると、決して悪いことではないでしょう。

どんな分野でも、その道の専門家に従ったほうが、独学よりもはるかに早く正確に目指すゴールにたどり着けます。

しかしながら、コンサルタントの言うことを疑いもせず、鵜呑みにして、あるいは事業の実情を見ずに丸投げしてしまうのは、経営者としての責任を放棄していると言っても過言ではありません。

コンサルタントはあくまでアドバイザーです。

自社の事業を動かしていくのは、あくまで社長とそのスタッフだという意識を持って、事業に取り組んでいきましょう。

失敗パターン②　スタッフに丸投げ

パターン①と重なる点もあるのですが、社長自身がスタッフの仕事に関与せず、スタッフに丸投げしてしまうというパターンも危険です。

本業と別事業として始めるということは、スタッフがその新規事業の責任者（社長）というポジションになります。

一介のパートスタッフが、いきなり予算や権限をすべて渡され、「自由にやっていいよ」と言われても、大抵の人は戸惑うでしょう。

権限移譲と権限放棄は違います。

もちろん、事業を拡大するためには社長は権限を手放し、徐々に部下に移行させていく必要があります。**権限委譲をするからこそ会社は育ち、人は成長します。**

しかし、最低でも、

1　社長とスタッフの役割や責任の所在を明確にしてすみ分ける
2　仕事を進めるうえでの正しい判断基準を決める

という2つを決めて進めなければ、事業は育ちませんし、スタッフへの権限移譲もうまくいきません。

スタッフへの定期的なフォローやサポートはもちろんのこと、事業を育てつつも徐々にスタッフに仕事を任せるようにして、順を追って進めていきましょう。

失敗パターン③　収支計算を疎かにする

失敗パターンの3つ目は「収支計算を疎かにする」ことです。

Ａｍａｚｏｎ ＥＣにおいて大事なのは、資金繰りです。

再三の説明になりますが、Ａｍａｚｏｎ ＥＣというのは商品原価と人件費以外、さしたる経費はかかりません。

とはいえ、毎月の収支計算はやはり必要ですし、さらに言うと、帳簿上で利益が出ていたとしてもキャッシュフローが回っていなければ、あっという間に黒字倒産してしまいます。本業と同じように、Ａｍａｚｏｎ ＥＣでも、毎月の売上と経費の逐一のチェックは意識しましょう。

失敗パターン④　仕入れ先を一点集中させてしまう

失敗パターンの4つ目は、仕入れ先を一点集中させてしまうという点です。

これは企業経営においても同じですが、**取引先、あるいは得意先を集中させすぎてしまうと、いざそこがなくなってしまった場合、ダメージが大きいですよね。**

これはＡｍａｚｏｎ ＥＣにおいても同じで、特定の仕入れ先に依存してしまうと、いざその仕入れ先がなくなってしまった場合、にっちもさっちも行かなくなってしまうのです。

ですから仕入れ先はなるべく分散させ、できれば6～10社程度の、安定した会社を常に確保しておきましょう。

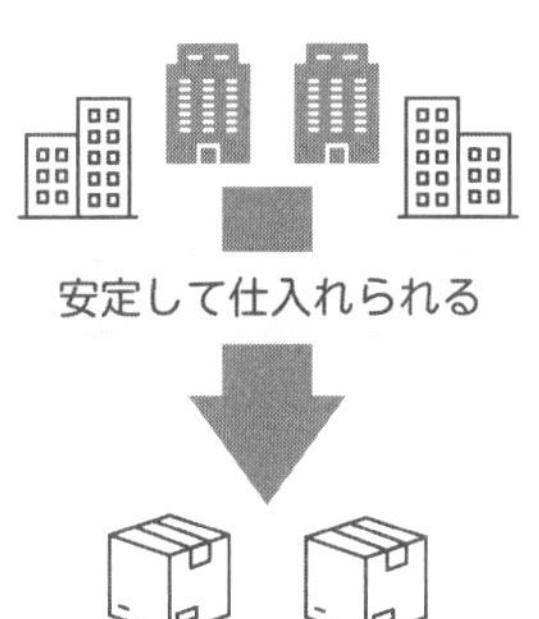

失敗パターン⑤　スタッフが独立してしまう

失敗パターンの５つ目は、人材の流出です。

順調に売上が伸びてきたら、最後は人材の流出を防ぐことを意識してください。

Ａｍａｚｏｎ ＥＣのしくみ自体はとてもシンプルで、**「どんなモノが売れるのか」ということさえわかれば、誰にでもできてしまいます**。

ですから業務を任せているパートさんが「これなら自分でもできる！」と思って独立してしまうということも少なくありません。

これを防ぐには、昇給や待遇アップをしたり、別会社をつくって、パートさんを代表者にし、株の配当金を折半するという方法をとって、独立を防いでいきましょう。

また、パートさんを採用する際に、競業避止義務契約や契約書に身元保証人項目を設けることも、独立を未然に防ぐひとつの手法です。

事業が軌道に乗ってきたら、大切にしたい心がけ

「人」を育てて、ビジネスパートナーをつくろう

事業を育てていくこと、人を育てていくことは料理に似ている――。

そう言った人がいました。

料理人が料理をする場合の大切な要素は、素材本来のポテンシャルを引き出すこと。

そのためには、素材の特性を知ることが大切だそうです。

素材の特性は、野菜、肉、魚介などで異なり、そして個体差もあるので、それぞれの素材、個体によって適切な処理や調理が必要です。

この点は、「事業を育てること」も「人を育てること」も同じだと言えます。

事業を軌道に乗せ、より大きくしていくには、その事業のビジネスモデルを見極め、日々起こりうる問題に適切に対応しなければなりません。

あるいは、その事業に携わる人を育てることも重要です。


料理で素材がそれぞれ違うのと同じように、仕事でも、人は一人ひとり異なりますし、特性や適性は本当にバラバラです。

人はそれぞれ違うもの。得意なこと、苦手なこと、好きなこと、嫌いなこと、本当にさまざまです。

ですから**愛情と粘り強さを持って人を育て、事業を育てていくことが大切だと、わたしは感じています**。

人を育てるプロセスのなかで、じれったさを感じることもあり、根気強さも必要で骨が折れますが、それでも成長したスタッフが新しい事業でバリバリ活躍する姿を見ることは、何事にも代え難いものです。

ぜひ、スタッフをビジネスパートナーにまで育てることを意識してください。

料理も育成も
素材を生かす
ことが大事

ＥＣ全盛期のいまこそ、ＥＣ事業を取り入れよう！

ＥＣ全盛の時代は、まだこれから

コロナの影響により、インターネットを介して商品を買うことが、いまや当たり前になりました。とはいえ、まだまだ自社の事業にＥＣを取り入れていない企業が多いのもたしかです。

先日、わたしは株式会社クレディセゾンさん協賛の元、関西オフィス9階を貸し切り20社限定でＡｍａｚｏｎ ＥＣ構築セミナーを開催しました。

どの事業者様もＥＣとは無関係の業種でしたが、

「Ａｍａｚｏｎってそんなふうに使えるんだ！」

と驚きの声が上がっていました。

経営者の間では、まだまだ知られていないＡｍａｚｏｎ ＥＣというビジネスモデル。

単純に、**新規売上を立てるという意味で取り組むのもいいですし、自社のオリジナル商材をＥＣ販売する前段階で取り入れてみるのもおすすめです。**

書店が全盛期の半分になったように、この先10年、世の中にあるリアル店舗は半分になるかもしれません。

これからさらに迫るＥＣ全盛の時代に向けて、いまから手を打っておける企業こそが、これからの時代、主導権を握っていけるでしょう。

おわりに

～「まぁがんばってね」会社を辞めると告げたとき、上司はそう言って……～

「まぁがんばってね」

わたしが会社を辞めると告げたとき、上司はそう言って鼻で笑っていました。

内心では、

「いまに見ていろよ、この野郎！」

と思っていましたが、そのときのわたしは上司に苦笑いをするのが精一杯でした。

当時のわたしは、学歴も人脈もスキルも、本当に何も持っていなかったからです。

あったのは、わずかな貯金と根拠のない自信だけ。

その2つを握り締め、わたしは足が震えながらも、自分でビジネスをする道を歩み始めました。

あれから10年。何もなかったわたしには、どんな場所でも仕事ができる自由と、会社員時代よりも多くのお金、そして何より一緒にビジネスを大きくすることで、地域や社会をよくしようとする、多くの尊敬できる経営者との出会いを得ました。

本書を通して、新たな事業を検討しているあなたの背中を、少しでも押すことができれば幸いです。

また、会社員から経営者の道へ踏み出そうとしている、当時のわたしのような人がいれば、ぜひ、本書をきっかけに一歩踏み出してみてください。

人口が減り、優秀な人材はどんどん海外へ流出し、政治は不安定で、近隣諸国を見れば、明日にでも侵略されそうな、令和の日本。

しかし、そんな逆境のなかだからこそ、あなたは本書を読み、新たな一歩を踏み出そうとしているのではないでしょうか？

時代の変化は縮小ではなく拡大です。

「ＣＨＡＮＧＥ」は「ＣＨＡＮＣＥ」であり、時代の転換期こそ新たな事業、新たなＳＴＡＲが生まれます。

令和という激動の時代に、自分を、会社を、地域を、そして社会をよくしようという想いを持ったあなたと出会えたことを、大変嬉しく思います。

また、本書を出版するという機会を与えていただきました、Ｃｌｏｖｅｒ出版の皆様、関西で経営者の学びの機会をいただいている京都ＢＮＩブレイクスルーの皆様、京都洛南倫理法人会の皆様、京都同友会伏見支部の皆様、グローバルに活躍する経営者が集まる川島塾の皆様、いつも本当にありがとうございます。

皆様と過ごすなかで、わたし自身、日々成長することができていますし、これからも地域、社会、日本全体をよくしていくための歩みをともにできれば幸いです。
皆様の輝かしい未来を祈念しつつ、本書を締めたいと思います。
ここまでお読みいただき本当にありがとうございました。
それでは、いつかまたどこかで。

2023年　吉日
宮本達裕

宮本達裕（みやもと・たつひろ）

株式会社京都スマホ屋さん 代表取締役

1988年3月17日兵庫県生まれ、京都在住。流通科学大学商学部卒業。メガバンク系証券会社、広告代理店勤務を経て25歳で独立起業。2014年Amazonを使ったEC販売開始。2015年から他社に先駆けて中古スマホのEC販売及び卸販売を開始。個人事業主累計100名へのEC事業導入サポートを経て、現在は法人22社25事業部のEC事業構築のサポートに携わる。

ゼロからわかる
せどり新規事業の強化書
～パートさんひとりから立ち上げられる～

初版1刷発行　●2023年6月21日

著　者　宮本達裕
発行者　小川泰史
発行所　株式会社Clover出版
〒101-0051　東京都千代田区神田神保町3丁目27番地8 三輪ビル5階
TEL 03-6910-0605
FAX 03-6910-0606
https://cloverpub.jp
印刷所　日経印刷株式会社

ISBN978-4-86734-154-4 C0034